Ratzenböck. Donaunixen und Wassergeister

Die Deutsche Bibliothek – CIP-Einheitsaufnahme

Ratzenböck, Anneliese:
Donaunixen und Wassergeister : die Sagenwelt der Donau
von Passau bis Wien / Anneliese Ratzenböck. Mit Ill. von
Renate Prochazka. – 1. Aufl. – Linz : Landesverl., 1994
ISBN 3-85214-610-0
NE: Prochazka, Renate (Ill.)

1. Auflage (1994)
Gedruckt in Österreich
Lektorat: Ingrid Fischer-Schreiber, Linz
Herstellung: Germana Kolmhofer, Hartkirchen
Satz: art & publishing, Linz
Umschlaggestaltung: Herbert Friedl, Pregarten
Druck, Bindung: Landesverlag Druckservice Linz
ISBN 3-85214-610-0

Anneliese Ratzenböck

DONAUNIXEN UND WASSERGEISTER

DIE SAGENWELT DER DONAU VON PASSAU BIS WIEN

Mit Illustrationen von
Renate Prochazka

Inhalt

Vorwort

Die Donau zählt zu den großen Flüssen Europas. Viel hat sich im Lauf von Jahrtausenden an ihren Ufern ereignet, Geschichte und eine Vielzahl von Geschichten sind mit diesem Strom verknüpft.

Diese Geschichten, die Sagen sind es, die in diesem Buch wieder lebendig werden. Und faszinierend wie die Schicksale der Menschen, die an diesem Wasser lebten, ist auch der Sagenschatz, der mit der Donau zwischen Passau und dem Strudengau verbunden ist. Es wimmelt nur so von hilfreichen Geistern, von verführerischen Nixen, versunkenen Dörfern und von boshaften Wasserzwergen in den alten Erzählungen. Ortschaften, Siedlungen, Schlösser und Ruinen, viele vertraute Namen finden wir in der Sagenwelt unserer Vorfahren.

Mit wieviel Phantasie die Ahnen Dinge erklärten, die für sie nicht verständlich waren, ist nicht nur interessant, sondern auch spannend zu lesen.

Viel Spaß beim Schmökern wünscht

Anneliese Ratzenböck

7

DIE SCHRECKLICHE WEISSAGUNG

Mit Mann und Roß und Wagen kamen sie dahergezogen. Ritter in schweren Rüstungen, Krieger, Knechte und Wagenlenker. Über Stock und Stein wälzte sich der Zug quer durchs Land vom Rhein gegen die Donau zu. Die Nibelungen waren schon 12 Tage unterwegs. Der große Heerzug wollte nach Ungarn, denn Krimhilde, die Gattin des Hunnenkönigs Etzel, hatte ihre Brüder und deren Gefolgsleute eingeladen.

Allen weit voran ritt Hagen von Tronje, er kam als erster ans Ufer der Donau. Der Fluß war breit hier. Die Wellen gingen hoch. Da mußten sie alle hinüber, um in das fremde Land ziehen zu können. Die Pferde würden schwimmend das andere Ufer erreichen, aber die Ritter, das Gefolge, die Geräte, Geschenke, Waffen, die Verpflegung, das alles mußte mit einem Boot hinüber gebracht werden. Wo aber war ein Boot zu finden?

Hagen hielt Ausschau nach einem Fährmann.

König Gunther ließ seine Leute am Donaustrom lagern. Mit Schild und Schwert schritt Hagen stromabwärts. Doch nirgends konnte sein Auge ein Haus erspähen, keine Fähre, kein Boot weit und breit.

Doch horch, was gluckste und plätscherte da hinter dem Weidenbusch? Der Ritter schlich vorsichtig näher und achtete sorgsam darauf, daß seine Rüstung nicht knarrte. Siehe da, am flachen Ufer des Stromes spielten drei Nixen im Wasser. Auf der Wiese lagen ihre weißen Schleiergewänder. Sie hatten sie ausgezogen, denn die störten sie bei ihrer lustigen Pritschelei.

Mit einem mächtigen Satz sprang der Ritter aus dem Gebüsch und riß die Kleider der Nixen an sich. Die drei sorglosen Nixlein schrien auf und wollten im ersten Schreck untertauchen, um ins Nixenheim in die Tiefe

des Stromes zurückzukehren. Doch ohne ihre Schleier war ihnen das unmöglich.

Hadburga, die älteste von ihnen, wandte sich deshalb um und sagte: „Wir kennen dich, Hagen von Tronje, und wir wissen auch, wohin du ziehen willst. Gib uns die Kleider zurück, wir wollen dich dafür in die Zukunft schauen lassen. Du willst doch sicher wisssen, was dich im fernen Hunnenland erwartet?"

Natürlich, auch ein stolzer Ritter ist neugierig. Hagen wollte das gerne erfahren und nahm den Vorschlag an.

Da säuselte die Nixe mit lieber Stimme: „Reite nur in König Etzels Land, du wirst dort zu hohem Ruhm und zu großen Ehren gelangen. Das prophezeie ich dir, du tapferer Krieger!" Da freute sich Hagen, und über sein finsteres Gesicht huschte sogar ein Lächeln. Er warf den Nixen ihre Schleier zu, sie hüllten sich darin ein und schwammen nun wie weiße Schaumkronen auf den Wellen.

Aber die jüngste Nixe, Sieglinde, kam noch einmal ein bißchen näher und raunte ihm eindringlich zu: „Hagen, Hadburga hat dich belogen. Du mußt verstehen, wir brauchen unsere Kleider, damit wir nach Hause zurückkehren können. Meine Schwester fürchtete, du würdest sie uns nicht geben, wenn du die Wahrheit über dein Schicksal erfährst. Ich warne dich, kehr um, im Hunnenland erwartet dich und alle Nibelungen Tod und Verderben. Wenn du meinen Rat nicht befolgst, wird keiner von euch an den Rhein ins Burgundenland heimkehren, nur einer kommt zurück: der Kaplan des Königs!"

Wie eine schwere Faust legte sich diese Weissagung der Nixe auf Hagens Herz. Mit düsterer Miene starrte er aufs Wasser und überlegte. Dann stampfte er plötzlich mit dem Fuß auf die Erde: „Diese Botschaft werde ich meinem Herrn nicht berichten. Die Nibelungen fürchten nichts. Wir reiten ins ferne Land! Sagt mir noch, wo finde ich einen Weg über den Strom?"

Die Nixen zeigten stromaufwärts, denn dort wohnte ein Fährmann, ein übler, jähzorniger Bursche. Aber gegen einen entsprechenden Lohn würde er sicher bereit sein, die Männer mit ihrem Gepäck über die Donau zu fahren. Hagen ließ den Kopf einen Augenblick sinken, schwer wog seine Entscheidung. Die Nixen waren verschwunden. Nur die Wasser rauschten noch: Kehr um, kehr um!

Mit weit ausholenden Schritten stapfte der Ritter nun vorwärts. Am Ufer stromauf, bis er jenseits des Wassers das Fährhaus sah. „Hol über, hol über!" rief er mit dröhnender Stimme. Er steckte seinen breiten goldenen Armreif auf das Schwert und hob es ins Licht der Sonne, daß das Schmuckstück funkelte und blitzte. Das goldene Angebot verlockte den Fährmann. Er steuerte sein schweres Boot über den Strom. Doch als der mächtige Mann einen ganz fremden Menschen am Ufer sah, wurde er mißtrauisch und lehnte es ab, Hagen ins Boot zu lassen.

Doch der sprang mit einem Satz hinein und wollte so die Hilfe erpressen. Da packte der Fährmann voll Zorn sein Ruder und schlug es dem Ritter auf den Kopf, daß Funken von seinem Helm stoben und Hagen in die Knie ging.

Aber der hatte zugleich sein scharfes Schwert aus der Scheide gezogen und trennte mit einem einzigen Hieb dem Fährmann den Kopf ab. Kopf und Körper warf er in den Fluß. Während dieses Kampfes trieb das Boot stromabwärts. Hagen ergriff das Steuer und lenkte das Boot ans Ufer, wo sein König und das Gefolge warteten. Die Leute sahen zwar das Blut auf dem Boden der Fähre, aber keiner wagte zu fragen, und Hagen schwieg. Er befahl ihnen einzusteigen, denn er selber wollte der

Fährmann sein. Daheim hatte er oft das Boot über den Rhein gebracht.

Einen ganzen Tag lang steuerte Hagen das hochbeladene Boot hinüber und kam leer zurück. Aber immer noch war er mit seinen Gedanken bei den Weissagungen der Nixen.

Da sah er bei der letzten Überfuhr den Kaplan im Boot sitzen, und plötzlich durchzuckte ihn ein böser Gedanke. Er wollte dem Schicksal ins Handwerk pfuschen, damit die Weissagung nicht mehr stimmen konnte. Er packte den Priester und warf den Ahnungslosen über Bord. Entrüstet schrien die Gefährten auf. Der Kaplan kämpfte im wilden Wasser um sein Leben, er konnte nicht schwimmen. Aber durch sein verzweifeltes Strampeln brachte ihn die Strömung ans Ufer.

Da sah Hagen, daß man seinem Schicksal nicht entrinnen kann. Und er wußte nun, daß die Nixe Sieglinde die Wahrheit vorausgesagt hatte.

Da nun alle am anderen Ufer waren, zertrümmerte er mit einem Schwert das Boot, damit nicht ein Feigling, der vielleicht davon wollte, es zur Rückfahrt benutzen konnte.

Der Kaplan wanderte zu Fuß zurück an den Rhein ins Land der Burgunden. Er war wirklich der einzige, der zurückkehrte, denn alle die anderen Nibelungen mußten im Hunnenland ihr Leben lassen.

So hatte es die Nixe verkündet, so hatte sich das Schicksal erfüllt.

DER WÜTERICH VON PASSAU

Wer der Stadt Passau einen Besuch abstattet, wird nicht nur ihre Sehenswürdigkeiten wie den Dom und das Rathaus aufsuchen, sondern vielleicht auch zur Festung Oberhaus hinaufwandern, um die Stadt mit ihren drei Flüssen von oben zu betrachten.

Die Mauern der Festung Oberhaus reichen von der bewaldeten Höhe hinunter zur Burg Niederhaus, die am Zusammenfluß von Ilz und Donau liegt. In dieser Burg lebte vor 700 Jahren der Ritter Johann von Passau. Er war ein mutiger Mann, siegreich in jedem Kampf. Er hatte aber eine sehr schlechte Eigenschaft. Er war ob seines Jähzorns überall gefürchtet. Wenn er in Wut kam, fluchte er so gotteslästerlich, daß die Kreuze von den Wänden fielen. Dieser wilde Johann hatte sich aber unsterblich in das Edelfräulein Agnes verliebt. Sie war schön und sanft und geduldig. Als er sie bat, seine Frau zu werden, willigte sie unter der Bedingung ein, daß ihr lieber zukünftiger Mann nie mehr fluchen dürfe. Er versprach es ihr ganz feierlich.

Aber sehr bald nach der Hochzeit stellte sich die alte Gewohnheit wieder ein. Der Ritter fluchte und tobte bei jeder Gelegenheit und trieb es ärger als zuvor. Bald wollten die Leute mit ihm nichts mehr zu tun haben. Die Dienstboten in seinem Schloß verdrückten sich ängstlich, wenn er nur auftauchte. Agnes litt darunter sehr. Sie wurde mit jedem Tag ein bißchen blasser und stiller. Johann bemerkte es gar nicht, daß es seiner jungen Frau nicht gut ging. Ganz im Gegenteil, wenn sie krank im Bett lag, wurde er wiederum zornig und schrie: „Der Teufel soll dieses kranke Weib holen. Ich hab' es mir lustiger vorgestellt, verheiratet zu sein!"

Als Johann wieder einmal so schrecklich wütete, fiel Agnes mit einem Aufschrei zu Boden und regte sich nicht mehr. Johann meinte, sie wäre nur in Ohnmacht gefallen und rief die Kammerfrau zu Hilfe. Aber die alte, treue Dienerin sah sofort, daß ihre Herrin tot war. Jetzt wußte Johann, daß er sie umgebracht hatte, und Schmerz und Reue und wilde Verzweiflung bemächtigten sich seiner. Er raufte sich die Haare, rannte mit dem Kopf gegen die Wand und brüllte wie ein verwundetes Tier. Nur mit Mühe konnten ihn seine Diener davon zurückhalten, sich das Leben zu nehmen. Agnes wurde in der Burgkapelle aufgebahrt, und die Armen aus der Umgebung von Niederhaus kamen, um ihr in Dankbarkeit die letzte Ehre zu erweisen. Agnes hatte ihnen immer Gutes getan. Als das trauernde Volk nach Hause gegangen war, kniete Johann am Totenbett seiner Frau nieder und weinte und klagte um sie.

Als er in der Nacht vor dem Begräbnis wieder bei seiner Agnes wachte und voll Verzweiflung seine Stirn an ihre Brust presste, da kam es ihm plötzlich vor, als hörte er ihr Herz schlagen. Im Schein der Kerzen sah er, daß ihr zwei Tränen über die Wange rollten. Agnes schlug plötzlich die Augen auf und lächelte ihren Mann an. Der große Schmerz des Ritters hatte sie wieder in diese Welt zurückgeholt. Johann von Passau war voll des Glückes und seinem Schicksal dankbar, daß er die geliebte Ehefrau wieder hatte.

Als Agnes ganz bei Sinnen war, nahm sie die Hand ihres Mannes und sagte zu ihm: „Weil du so bereut hast, hat der Himmel sich mit dir versöhnt. Dein Schmerz hat mich wieder ins Leben zurückgerufen. Ich bitte dich, lieber Mann, versprich mir, daß du nie mehr fluchst, denn wenn du wieder in dein altes Laster verfällst, müßte ich wieder in die Welt zurück, aus der ich jetzt gekommen bin."

Der Ritter sank auf die Knie und versprach ihr bei allem, was ihm heilig war, daß er seinen Jähzorn bezähmen würde und kein Fluch mehr über seine Lippen kommen sollte.

Die Nachricht von dem Wunder auf der Burg zu Niederhaus ging wie ein Lauffeuer durch die Stadt und die nahen Dörfer. Keiner wollte es glauben. Da entschloß sich Johann von Passau, ein großes Fest zu geben. Er lud die Ratsherren von Passau und viele seiner Freunde dazu ein, damit sie Agnes sehen könnten.

Agnes jedoch fürchtete den Lärm und die Unruhe und sagte zu Johann: „Sag' doch das Fest ab, die Leute werden mich noch oft genug sehen, auch wenn sie nicht auf die Burg eingeladen werden. Laß uns lieber alleine bleiben und Gott für das Wunder danken, das er an uns vollbracht hat."

Johann wollte davon nichts wissen und erwiderte barsch: „Es bleibt bei dem Fest. Ich will eine Schar fröhlicher Menschen auf der Burg sehen, und ich will singen und lachen und mich des Glückes freuen."

Aber Agnes beharrte auf ihrem Willen und sagte: „Ich glaube nicht, daß viele zu dem Fest kommen, denn sie werden nicht gerne mit einem Menschen beisammen sein wollen, der dem Tod aus den Armen gerissen wurde."

Jetzt wurde Johann von Passau aber wieder zornig. Die Röte schoß ihm ins Gesicht, er schlug mit der Faust auf den Tisch und brüllte: „Verflucht, verflucht!" Verflucht – hallte das Echo von den Wänden zurück. Johann fuhr zusammen. Er hatte sein Versprechen gebrochen. Aber es war zu spät. Agnes löste sich vor seinen Augen in Luft auf und verschwand. Er wollte nach ihr greifen und sie festhalten, aber er faßte ins Leere.

Als am Abend die Gäste, die Freunde und die Ratsherren auf die Burg kamen, lag Agnes wieder tot auf der Bahre. Auf ihrem Gesicht lag Vorwurf und Bitterkeit.

Als man sie zu Grabe getragen hatte, da trieb die Verzweiflung ihren Mann aus den leeren Räumen der Burg. Niemand wußte, wohin er gegangen war. Und niemand, niemand hat ihn je wieder gesehen.

Viele Jahrhunderte sind inzwischen vergangen. Aber in mondhellen Nächten kann man aus den Gemäuern der verfallenen Burg Seufzen, Klagen und Weinen hören.

DAS TRAURIGE SCHICKSAL DES SCHNEIDERS

Gleich nachdem die Donau Inn und Ilz aufgenommen hat und sich breit in ihrem Bett dehnt und streckt, stellen sich ihr unterhalb von Passau mächtige Granitfelsen in den Weg. Die Wasser des Stromes müssen sich in Windungen durch das Tal graben. Das nördliche Ufer gehört noch zum Freistaat Bayern, das südliche zum Innviertel, das vor mehr als 200 Jahren noch ein Teil Bayerns war.

Gewaltige Felswände ragen hier am oberösterreichischen Ufer empor. Ganz nahe an den Abgrund hingeklebt, sieht man die Steinmauern einer kleinen Burg. Ruine Krempelstein nennt man sie nach einem ihrer Vorbesitzer. In unserer Zeit haben sich immer wieder Leute gefunden, die diese Ruine bewohnten und benützten.

Ja, in einer Burg, da möchten wir schon wohnen, solange sie wind- und wettersicher ist, schön warm geheizt wird und wenn die Zimmer behaglich eingerichtet sind.

Auch Burg Krempelstein war einst ein gepflegter Wohnsitz. Doch als der letzte Burgherr kinderlos starb, lebte lange Zeit niemand in diesen Gemäuern.

Regen, Frost und Wind setzten den Mauern zu. Das Dach bekam Löcher, die Balken verfaulten, und die Steine bröckelten ab. Die Leute in der Gegend kümmerten sich nicht um die Burg. Sie erzählten sich allerhand Geschichten, daß Geister und arme Seelen in diesen Mauern hausten. So mancher, der spät aus dem Wirtshaus nach Hause stolperte, hat grausige Töne und Stimmen aus der Burg bis ins Tal gehört. Das war erst recht ein Grund, diesen Platz zu meiden.

Da lebte aber ein sehr armer Schneider im Donautal. Er

zog von Haus zu Haus und bot seine Dienste an. Es gab wenig Arbeit für ihn, und die Leute bezahlten schlecht dafür. So war die Not sein ständiger Begleiter. Er besaß weder Haus noch Unterkunft. Eine weiße Ziege war sein ganzer Besitz. Liebevoll nannte er das Tier Mathilde. Sie war seine Gesprächspartnerin auf den Wanderungen durch das Tal und versorgte ihn mit Milch. Nachts suchten der Schneider und seine Ziege Unterschlupf in so manchem Heustadl. Aber oft genug wurden sie von dort vertrieben.

Als sie eines Tages stromaufwärts zogen, sah der Schneider hoch oben auf der Felskante den Wohnturm der Burg Krempelstein. Oft hatte er in den Bauern-häusern die Leute von der verlassenen Burg erzählen hören. Sein Entschluß war schnell gefaßt. Er zog samt der Ziege Mathilde in das verfallene Bauwerk, nun hatte er ein Zuhause.

Doch immer wieder mußte er ins Tal hinuntersteigen, um in den Häusern nach Arbeit zu fragen. Dann und wann gab es auch Röcke und Hosen für ihn zu flicken. Die nahm er mit auf seine Burg und saß dann auf der Felsklippe im Sonnenschein und stichelte eifrig an dem Zeug. Mathilde blieb immer in seiner Nähe. Sie suchte zwischen den Steinen nach dem spärlichen Gras. Ziegen sind sehr genügsam, aber oft genug geschah es, daß der Schneider sein letztes Stück Brot mit ihr teilte. Dafür gab sie ihm täglich ein bißchen schmackhafter Milch. So lebten die beiden zwar sehr armselig, aber doch zufrieden auf dieser Burg.

Als der Schneider wieder einmal von seiner Wohnung zur Donau hinabstieg, begegnete ihm ein Mädchen. Er hatte es bisher noch nie gesehen, aber es gefiel ihm so gut, daß er von nun an keine Ruhe mehr hatte. Immer wieder kreisten seine Gedanken um das schöne junge Mädchen. Kurz und gut, er hatte sich schrecklich verliebt.

20

Der Schneider hatte schon ausgekundschaftet, daß seine Angebetete in einem Fischerhaus an der Donau zusammen mit ihrem Bruder lebte und keine Eltern mehr hatte. Bald war sein Entschluß gefaßt. Er putzte und bürstete sein bestes Gewand, stieg ins Tal und fragte mit Herzklopfen das Mädchen, ob es nicht seine Frau werden wolle. Das junge Ding lachte ihm schallend ins Gesicht: „Was fällt dir ein, du windiger Schneider", rief sie, „ich könnte doch nie zu dir in diese Ruine ziehen. Bleib mit deiner Geiß da oben und laß mich in Ruhe!"

Diese böse Antwort ließ den Schneider aus allen Wolken fallen. Tief beleidigt ging er zurück zur Ruine. Er hatte jede Lebensfreude verloren und ging kaum mehr unter Menschen. Die Ziege Mathilde war sein einziger Trost. Ihr konnte er sein Leid klagen. Die Ziege war aber schon sehr sehr alt. Eines Morgens lag sie tot auf ihrer Streu. Der Schneider war bestürzt. Er hatte seinen einzigen Freund verloren. Er setzte sich neben die tote Ziege und weinte bittere Tränen des Kummers und der Verzweiflung. Als er sich ein bißchen beruhigt hatte, wollte er seine Mathilde begraben. Doch wo er es auch versuchte, überall stieß seine Schaufel auf harten Felsen. So entschloß sich der Schneider, seine treue Gefährtin über die Felsenklippe in die Donau zu werfen. Er nahm das tote Tier über die Schulter und trug es zum Abgrund. Ohne daß er es bemerkte, verfingen sich die Spitzen der Hörner in seiner Kleidung, und als er die Ziege in die Tiefe schleuderte, riß es ihn mit hinunter in das wogende Grab der Donau. Ziege und Schneider wurden von den Fluten verschlungen.

Von dieser Zeit an erzählt man sich in den Bauernhäusern, daß in mondhellen Nächten der Schneider auf der Felsklippe neben der Burg sitzt, und Nachtschwärmer, die ein bißchen zu tief ins Glas geschaut haben, hören, wenn sie in die Nähe der Burg kommen, auch das vorwurfsvolle Meckern der Ziege. Die Burg Krempelstein aber erhielt von den Leuten den Namen „Schneiderschlössel". So hat ein armer Schneider, genauso wie ein edler Ritter, einer Burg den Namen gegeben.

FRAU ISA VOM JOCHENSTEIN

Ob flußaufwärts oder flußabwärts, ob mit Schiff, Fahrrad, Auto oder zu Fuß gereist wird, die Burg Vichtenstein übersieht keiner, der hierher ins Donautal kommt. Hoch thront sie über der Nibelungen-Bundesstraße und gilt mit ihrem mächtigen Bergfried als Wahrzeichen dieser Gegend. Zu Füßen dieser Burg wurde eines der ersten Donaukraftwerke errichtet. In den Jahren 1953 bis 1956 hat man hier eine Wehrmauer, fünf Turbinenhäuser und eine Doppelschleuse für die Schiffahrt errichtet. Die Gewalt der zurückgestauten Donauwasser erzeugt elektrischen Strom.

Neben diesen technischen Bauten, die den Fluß überspannen, schaut der einst so gefürchtete Jochenstein nicht mehr so gewaltig aus, wie er früher in Sagen und Märchen geschildert wurde. Aber unberührt von der neuen Zeit ragt er auch heute noch einsam aus der Mitte des Stromes.

Dieser Stein gab auch dem Kraftwerk den Namen, Jochenstein heißt es. Trotz der modernen Technik an diesem Ort kennt man noch immer die Sage, die von Frau Isa vom Jochenstein erzählt.

Steile Hänge von Fichten und Laubbäumen bewachsen, begleiten auch hier noch die Donau. In früher Vorzeit haben hier nicht viele Menschen gewohnt. Ein paar Fischer und Bauern hatten hier ihre Hütten. Jahrhundert um Jahrhundert haben die Menschen ihre Felder bestellt, das Vieh betreut, Fische gefangen, Boote gebaut, Netze geflickt und so ihr Leben verbracht. Sie liebten und fürchteten den Strom, er gab ihnen Nahrung und Arbeit, aber er war immer wieder auch eine große Bedrohung für ihr Leben. Die Leute kannten die vielen Gesichter der Donau. Sanfte Wellen, schmutziggraue jagende Hochwasser, krachende Eisstöße, heller Sonnenschein über

24

25

blauer Flut, windgepeitschte Gischt oder wogende Nebel über bleigrauem Wasser. Sie erzählten sich die Geheimnisse der Welt, die sie am Grunde des Flusses erahnten. So mancher von ihnen hatte Nixen, Wassergeister oder gar den Donaufürsten mit eigenen Augen gesehen.

Und so wußten sie natürlich auch, daß der Jochenstein, der da aus der Mitte der Donau ragte, nur die Spitze des Turmes eines mächtigen Palastes war. Am Grund des Flusses stand ein Kristallpalast, der in nebelfreien Nächten ein sanft leuchtendes Licht bis an die Wasseroberfläche schickte. Das war das Schloß der Nixenkönigin, der Frau Isa.

Über Frau Isa wurde viel getratscht, in allen Dörfern und Häusern entlang der Donau. Manch ein Fischer prahlte ja auch damit, daß er sie schon gesehen hätte. Andere wieder behaupteten fest und steif, Isa hätte ihnen das Leben gerettet. Das eine oder andere Schiff wäre sicher bei Nebel oder reißender Flut am Felsen zerschellt, hätte nicht der Ruf der Nixe die Schiffer gewarnt. Die Männer aber, die Frau Isa wirklich gesehen hatten, die erzählten nichts davon. Sie verwahrten dieses Glück als Geheimnis in ihren Herzen.

Die Leute erzählten sich, daß der alte Veit Frau Isa in einer mondhellen Nacht am Jochenstein sitzend gesehen hatte. Das war lange her. Der Veit ist ihren drängenden Fragen immer ausgewichen. Nur als ihn sein Enkel Peter, der auch einmal Fischer werden wollte, eines Tages fragte: „Großvater, ist es wirklich wahr, daß du Frau Isa gesehen hast?", da wollte er nicht lügen. „Ja, ich habe sie gesehen und auch singen gehört", gestand er. „Großvater, stimmt es, ist sie wirklich so schön, ist sie tatsächlich schöner als das Edelfräulein von der Burg?" drängte Peter weiter. „Ach, sie ist viel, viel schöner, sie ist von einer überirdischen Schönheit!" brummte der alte Mann. „Ach", seufzte Peter „wenn ich sie doch auch einmal sehen könnte!" Der Großvater schüttelte den Kopf: „So etwas sollst du dir nicht wünschen. Frau Isa zu sehen ist gefährlich für jeden Menschen. Man könnte ihr allzu leicht verfallen."

Peter dachte viel nach über die Nixe. Er wollte auch einmal etwas Besonderes erleben. Hier im Dorf ereignete sich wenig. Er träumte von großen Heldentaten, die ihm Ruhm und Ehre einbringen sollten. Aber der Alltag brachte weder Ruhm noch Ehre, sondern nur Arbeit für den Buben. Immer wieder mußte er dem Vater bei der Arbeit helfen. So ruderten sie eines Tages stromaufwärts, um am Ufer des Flusses Weidenruten zu schneiden. Es wurde schon dämmrig, als sie mit ihrer Fracht endlich die Heimfahrt antraten. Übervoll beladen trieb das Boot in der Strömung. Peter saß an der Spitze der Zille und bemühte sich, die immer dichter werdenden Nebel zu durchblicken. Irgendwann mußte jetzt der Jochenstein auftauchen. Da ertönte ein hallender Ruf, der ihm heiß und stechend durch den Körper fuhr. Der Vater riß das Steuer herum und sagte ganz ernst und leise zu Peter: „Das war Frau Isa, sie hat uns beschützt!" So waren Vater und Sohn glücklich und wohlbehalten am heimatlichen Ufer gelandet.

Doch Peter war von diesem Tag an wie verwandelt. Er träumte in den Tag hinein. Wann immer es möglich war, verdrückte er sich von daheim. Dann saß er in den Büschen am Ufer des Wassers. Nur einmal noch wollte er die Stimme hören, oder vielleicht konnte er die Nixe sogar sehen. Er suchte auch nicht mehr die Gesellschaft seiner Freunde im Dorf, und wenn das Edelfräulein von der Burg in der Kutsche vorüberfuhr, schaute er nicht einmal mehr hin. Die Eltern machten sich Sorgen. Ob er denn krank sei, rätselten sie. „Ach was", sagte der Vater, „Flausen sind das, so ein Bursche muß ordentlich arbeiten."

Aber auch das Arbeiten half nicht. Peter wurde den Gedanken an Frau Isa nicht mehr los. Nachts geisterte sie durch seine Träume. Seine Sehnsucht, sie zu sehen, wurde immer größer. Großvater Veit nahm seinen Enkel zur Seite und sagte: „Ich weiß es, ich spür es, dich hat die Nixe verhext. Hüte dich vor ihr. Geh nie mehr zum Jochenstein. Versprich es mir. Mehr kann ich für dich nicht tun." Aber Peter konnte es dem alten Mann nicht versprechen.

Eines Nachts erwachte der Bursche aus seinen wirren Träumen. Draußen war eine mondhelle Nacht. Peter stand auf, hastig schlüpfte er in Hose und Hemd. Ohne Schuhe und Strümpfe rannte er hinaus ans Ufer der Donau. Schnell stieg er in seines Vaters Boot und ruderte mit kräftigen Stößen stromaufwärts dem Jochenstein zu. Es war, als würde er wie von einem Magnet hingezogen. Schon sah er den dunklen Schatten des Felsens aus dem Strom ragen. Zugleich hörte er ganz seltsame Töne. War es eine Melodie oder ein Ruf? Peter bekam Herzklopfen. Noch konnte er nichts erkennen. Hastig ruderte er das Boot an den Felsen heran. Schnell hinauf, ergriff er den rauhen Stein und zog sich empor. Und dann sah er sie, die Nixe, die noch viel schöner war, als seine Träume sie ihm gezeigt hatten. Ein so schönes Mädchen konnte es kein zweites Mal auf dieser Welt geben. Lange, schwarze Haare fielen auf ihre weißen Schultern, die dunklen Augen blitzten. Peter getraute sich kein Wort zu sagen. Womöglich war dies wieder nur ein Traum und sie würde verschwinden.

„Komm doch näher", sagte Frau Isa mit heller klingender Stimme, „ich habe schon so lange auf dich gewartet." Der Bursche trat zögernd einen kleinen Schritt näher. Die Nixe trug ein grünschimmerndes Kleid, weiße Seerosen waren als Kranz in ihr Haar geflochten. Er mußte sie immer nur anschauen. „Würdest du zu mir in mein Reich kommen?" fragte Frau Isa, und als Peter heftig nickte, berührte sie mit ihrer Fußspitze den Stein, und er öffnete sich zu einer breiten Marmortreppe. Hand in Hand schritten sie in die Tiefe dieser Zauberwelt. Der ganze Palast bestand aus durchsichtigem Kristall, und das blaugrüne Wasser färbte seine Wände. Riesige Diamanten sprühten ihr Licht von den Deckengewölben. Die Pfeiler und Säulen waren mit Saphiren und Rubinen besetzt. „Peter", sagte die Nixe, „du sollst hier König werden, und jeder Wunsch wird dir von den Augen abgelesen. Wir wollen hier miteinander leben!" Aber plötzlich hörte der Bursche seinen Namen rufen. Es war sein Vater, der bemerkt hatte, daß Peters Bett leer war und das Boot nicht mehr am Ufer lag. Peter schreckte auf: „Hörst du, mein Vater ruft mich. Ich muß nach Hause", sagte er zu Frau Isa. Doch sie umschlang ihn mit beiden Armen und hielt ihn fest. „Du bist jetzt bei mir daheim. Du hast mir versprochen, für immer bei mir zu bleiben. Du mußt dein Wort halten!" Doch da klang voll Verzweiflung und Angst die Stimme der Mutter an sein Ohr. Er riß sich von der Nixe los und lief durch die Räume und Hallen des Palastes bis zur weißen Marmortreppe. Doch als er die ersten Stufen betrat, rauschte und brauste das Wasser rings um ihn auf, und er sah und hörte nichts mehr. Die Wellen der Donau trieben den toten Sohn zum Fischer und seiner Frau ans Ufer.

Immer noch sitzt Frau Isa in den hellen Nächten, wenn der Mond scheint, auf dem Jochenstein und singt ihr Lied. Sie wartet auf das nächste Menschenkind, um es zu sich in die Fluten zu holen.

DAS FINDELKIND VON RANNARIEDL

Hoch über der Donau, auf einem steil abfallenden Felsgrat, thront das mächtige Schloß Rannariedl. Tief in das Granitgestein eingeschnitten stürzt sich neben dem Gebäude der Rannabach in die Tiefe und mischt sein Wasser mit dem des Donaustromes.

Vor vielen hundert Jahren stand hier noch nicht dieses prächtige Schloß, sondern eine kleinere, aber sehr gut befestigte Burg. Wahrscheinlich hat sie Rannariegel geheißen, weil sie wie aus dem Felsriegel herausgewachsen aussah. Auf dieser Burg wohnte der Ritter von Falkenstein mit seiner Frau und vielen Leuten, die für die Arbeit im Haus und im Stall da waren.

Der Herr von Falkenstein war ein gerechter Mann, gütig gegen seine Leute, aber unerbittlich hart gegen seine Feinde. Im Heiligen Land hatte er viele Jahre gegen die Sarazenen gekämpft. Der Ritter sprach nicht viel über seine Heldentaten. Doch wenn die Knechte und Mägde an den stürmischen Winterabenden um das Kaminfeuer saßen, erzählten sie sich von den Heldentaten ihres Herrn. Der eine oder die andere wußte dann auch zu berichten, daß er große Schätze erobert hätte und diese hier auf der Burg Rannariedl verwahrt seien. Gold, Silber, Perlen, Edelsteine, das alles müßte irgendwo in großen Truhen in der Burg schlummern, aber niemand wußte etwas Genaueres.

Die Geschichte von den großen Schätzen auf Burg Rannariedl sprach sich im ganzen Land herum. Selbstverständlich packte dadurch so manchen Gauner das Verlangen, sich hier zu bereichern. So wurden durch dieses Gerücht die Feinde des Falkensteiners immer mehr. Es waren auch unruhige Zeiten damals. Entlassene Soldaten schlossen sich zu Räuberbanden zusammen und zogen plündernd durch das Land. Das

Schießpulver war damals noch nicht erfunden, aber das wilde Kriegsvolk kämpfte mit Pfeil und Bogen, mit Streitäxten, Lanzen und Wurfgeschoßen. So mancher prächtige Herrschaftssitz wurde verwüstet und niedergebrannt.

Lange Zeit hatte die Burg Rannariedl dem räuberischen Gesindel standgehalten.

Eines Tages im August zog wiederum eine feindliche Heerschar durch das Donautal. Ohrenbetäubender Lärm, Kettengeklirr, Flüche und Geschrei erfüllten das vorher so stille Tal. Die Kriegsknechte zogen gegen die Burg Rannariedl. Vom Turm aus hatte der Wächter schon die Feinde gesehen. Das schwere Burgtor wurde eilends verriegelt, neben den Schießscharten bezogen die Bogenschützen ihre Plätze. Auf dem Burgwall lagen Haufen runder Steine und daneben die Steinschleudern, mit denen die Knechte sehr gut umgehen konnten. Im Burghof begann man, in großen Bottichen Pech zu sieden. Diesem Gesindel sollte ein unangenehmer Empfang bereitet werden.

Doch diesmal kamen die Angreifer in größerer Zahl als je zuvor, und sie waren klug. Immer wieder schickten sie kleine Haufen bis zum Burgtor, die sich aber nach den ersten Steinwürfen und Pfeilschwärmen wieder schnell zurückzogen. Einige Tage rührte sich dann nichts rund um die Burg. Wohl bemerkte man, daß Bäume gefällt wurden und die Feinde eine hölzerne Wurfmaschine aufstellten. Eine Belagerung fürchtete der Falkensteiner nicht. Er hatte genug Vorräte in seiner Burg. Doch die Feinde spekulierten anders. Der lange trockene Sommer hatte Gras und Laub ausgedörrt, und die Wasservorräte waren geringer denn je.

Aber das Angebot der Feinde, die Burg kampflos zu übergeben und dafür mit seiner Familie freien Abzug gewährt zu bekommen, lehnte der Herr von Falkenstein sofort ab. Nach diesen Tagen der geheimnisvollen Vorbereitung wurde es plötzlich im Walddickicht lebendig. Scharen von Bogenschützen schwärmten herbei. Gedeckt durch die Baumstämme an den Steilhängen rings um die Burg, konnten ihnen die Verteidiger mit ihren Steinschleudern und Pfeilen nichts anhaben. Plötzlich schwirrte eine Brandfackel gegen die Burg, und sogleich ging ein dichter Feuerregen auf die Dächer der Festung nieder. Gras und Moos, das auf den Schindeldächern wuchs, brannte sofort wie Zunder. Die Sonne hatte in langen Wochen auch die Holzschindeln ausgedörrt, und so begann es überall knisternd zu brennen. Die Burgknechte rannten mit Wassereimern, schlugen mit Brettern auf die glosenden Feuerherde ein und löschten, wo sie nur konnten.

Bald waren die aufgestellten Wasservorräte verbraucht, und es dauerte sehr, sehr lange, bis die Eimer aus dem tiefen Brunnenschacht gezogen wurden. Das Feuer fraß sich gierig von Dach zu Dach. Der Ritter von Falkenstein sah mit steinerner Miene von seinem Turm auf das Getümmel der Feinde hinunter. Nun trat noch die Wurfmaschine in Aktion und schleuderte brennende Pechtöpfe über den Wall in den Burghof. Die Mägde kreischten und die Knechte fluchten. Keiner wußte mehr, wo er Hand anlegen sollte. Der Falkensteiner sah, daß seine Burg nicht mehr zu retten war.

Vielleicht werden die Raubgesellen schon in ein paar Stunden durch das Burgtor stürmen. Wahrscheinlich werden alle seine tüchtigen, tapferen Leute, seine liebe Frau und auch er selber die Sonne am Morgen nicht mehr aufgehen sehen. Ob dieses Diebsgesindel nun seine Schätze plünderte, das war ihm gleichgültig, aber sein Kind, sein kleiner Sohn, der erst einige Monate alt war, der mußte gerettet werden.

Das ist mein größter Schatz, sagte sich der Burgherr,

sein Leben müssen wir bewahren. Das Feuer griff immer mehr um sich, und die Verteidiger der Burg waren machtlos.

Doch der Entschluß des Falkensteiners stand fest. Das Kind mußte gerettet werden. Und zwar noch in dieser Nacht.

Der Ritter wußte, daß es auf der Burg nur eine gab, der man diesen Schatz anvertrauen konnte. Es war die Magd Elsa. Sie war die Tochter eines Donaufischers, sie kannte jeden Baum und jeden Steig über die steile Leiten hinunter zum Strom. Zudem war sie ein kräftiges und furchtloses Mädchen. Sie würde das Kind retten. Der Ritter besprach diesen Plan mit seiner Frau. Sie weinte bittere Tränen, aber sie wußte, daß dies der einzige Ausweg war, der dem Kind vielleicht das Leben retten konnte.

In der Dunkelheit der Nacht wurde Elsa mit dem Kind an der steilsten und unzugänglichsten Seite der Burg an einem Seil in die Tiefe gelassen. Auf einem schmalen Felsvorsprung am Fuß der Mauer angelangt, nahm die Magd das eingewickelte Kind fest unter den Arm und tastete sich langsam vorwärts. Sie kannte hier wirklich jeden Stein und erschrak nicht, wenn ein Hase aufgeschreckt aus dem Busch sprang. Als sie die gefährlichste Stelle hinter sich hatte, sah sie noch einmal zurück zur Burg, die in hellem Feuerschein stand. Wie ein Fuchs schlich Elsa zwischen Bäumen und Büschen durch. Das Kind schlummerte tief und fest. Bald schon hörte sie das leise Rauschen der Donau. Aber auch Stimmen mischten sich darunter, und als sie dann an den Waldrand kam, sah sie nicht weit vom Ufer eine Schar Männer um ein Lagerfeuer sitzen. Elsa erschrak fürchterlich, denn ganz in der Nähe dieser Männer lag das Boot, das sie erreichen mußte. Nach einem langen Umweg durch den Wald kam sie dann wieder ans

Flußufer. Sie stieg ins Wasser und watete im Schutz der Weidenbüsche am Ufer entlang. Da war das Boot, das Herz der Magd schlug ihr bis zum Hals. Sorgfältig löste sie den Strick, mit dem das Boot angebunden war, legte das Kind unter die Ruderbank und stieg ein. Die junge Frau saß regungslos im Boot, und die Strömung zog es hinaus in die Mitte des Flusses.

Doch plötzlich flog eine Schar Wildenten mit knatterndem Flügelschlag aus dem Wasser auf. Die Männer am Ufer sprangen auf. Durch den weithin leuchtenden Feuerschein der Burg sahen sie das Boot und die Frau. Einer spannte seinen Bogen, und der Pfeil fuhr Elsa surrend in den Hals. Mit einem Schrei stürzte sie in den dunklen Strom. Das Boot schaukelte, Wasser schwappte hinein, doch dann trieb es weiter der Flußmitte zu und verschwand in der Dunkelheit.

In dieser Nacht brannte die Rannaburg bis auf die Grundmauern nieder. Das eindringende Kriegsvolk zerstörte sie völlig, und von den Bewohnern blieb keiner am Leben.

Das Boot mit dem kleinen Kind trieb flußabwärts bis zur Schlögener Schlinge. Hier wird die Donau von den Felsen gezwungen zurückzufließen und eine große Biegung zu machen. Auf einem schmalen Felsengrat über dieser Donauschlinge, genau gegenüber der Ortschaft Schlögen, stand damals eine große Burganlage, die Burg Haichenbach. Heute ist nur mehr eine Ruine hier zu sehen. Der Volksmund spricht auch vom „Kerschbaumerschlößl".

Gerade unterhalb dieses Schlosses wurde das Boot ans Ufer getrieben. Der alte Fischer Berthold, der jeden Tag noch zum Fischfang auszog, sah eines Morgens dieses angetriebene Boot. Als er es so betrachtete, hörte er plötzlich Kinderweinen, und so fand er das Bündel unter der Ruderbank. Im Fischerhäusl konnte man keinen Esser mehr brauchen. Hier war ohnehin die Not zu Hause. So brachte er das weinende Kind hinauf ins Schloß.

Der Ritter von Haichenbach und seine Frau hatten keine Kinder, und so sahen sie es als Fügung des Schicksals an, daß ihnen hier ein Knabe ins Haus gebracht wurde, und sie nahmen das Findelkind als ihren Sohn auf. Ein paar Jahre drauf wurde ihnen noch eine Tochter geboren. Und so war das Familienglück vollkommen.

Fünfzehn Jahre waren schon seit der Zerstörung der Rannaburg vergangen. Gras und Moos überwucherte die Ruinen. Doch noch immer sprach man von dem schrecklichen Unglück im Lande, daß alle Bewohner der Burg, der Herr von Falkenstein und seine Frau und das ganze Gesinde von den Eroberern erschlagen worden waren. Man erzählte sich aber auch, daß die Feinde bei der Plünderung der Rannaburg die großen Schätze nicht gefunden hatten. Irgendwo, verschüttet unter Steinen im unterirdischen Gewölbe der Burg, vermutete man noch immer den Schatz des Falkensteiners. Natürlich hat das nicht wenige angestachelt, diesen Schatz auch zu heben. Doch manch habgieriger Geselle mußte dabei sein Leben lassen. Mauern stürzten ein und begruben die Schatzsucher unter sich, so daß viele nicht mehr zurückkamen. Manch mutiger Bursche wurde aber schon beim Betreten der Ruine vom Schloßgeist vertrieben.

Zähneklappernd noch vor Angst erzählten sie dann im Wirtshaus, wie schrecklich dieser Schloßgeist von Rannariedl aussähe. Er hatte Schlangenhaare, Zähne wie ein Wildschweineber, und Funken sprühten aus seinen Augen. Im ganzen Land erzählte man sich diese schaurigen Geschichten.

Auf Schloß Haichenbach beschloß nun der Familienrat, Hanno, der zu einem großen, kräftigen Burschen herangewachsen war, dem Brauch der Zeit entsprechend an den Hof eines anderen Edelmannes zu senden. Hanno war ja schon ein guter Reiter, ein sicherer Schütze und der beste Schwimmer in den Wellen der Donau weit und breit. Trotzdem mußte er noch in die ritterlichen Sitten des Lebens eingeweiht werden. Der Abschied von den Eltern und der Schwester fiel dem Burschen sehr schwer. Doch auch am fürstlichen Hof war er beliebt, und er lernte schnell all das, was ein Ritter beherrschen mußte.

Nach drei Jahren empfing er die Zeichen der Ritterwürde, die goldenen Sporen, den Gürtel und das Wehrgehänge. Voll Freude und Sehnsucht machte er sich auf den Weg nach Hause. Wann immer er in einer Herberge übernachtete, hörte er die Berichte der Leute von der Rannaburg. Sie erzählten sich von den reichen Schätzen, die dort verschüttet waren und noch nie von jemand gefunden wurden. Der Ritter Hanno hatte das alles ja schon längst gewußt. Aber jetzt wurde es ihm wieder in Erinnerung gebracht. Und auf dem Heimweg dachte er, es wäre doch sehr schön, nicht mit leeren Händen anzukommen. Der Gedanke ließ ihn nicht mehr los, und so nahm er seinen Weg zur Rannaburg, um zu versuchen, an die Schätze zu kommen.

Es war ein schöner Frühlingstag, an dem der junge Ritter den Pfad zur Rannaburg emporritt. Immer wieder sah man zwischen den hohen Baumstämmen hinunter in das Tal der Donau. Doch die Stimmung des Ritters wollte nicht so recht zu diesem heiteren Frühlingstag passen. Es war ihm so seltsam zumute, eine unverständliche Traurigkeit breitete sich in seinem Herzen aus, als er durch den zerstörten Torbogen der Ruine ritt. Er band sein Pferd an einen jungen Baum, der hier Wurzeln gefaßt hatte, und stieg mit einer Axt und seinem Schild bewaffnet über die Mauerreste und Steine, um in den Zwinger zu gelangen.

Auch der Turm war zur Hälfte eingestürzt, und überall häufte sich das Gestein an. Hanno versuchte, die Steine aus der Türöffnung des Turmes wegzuräumen. Unterm Schutt entdeckte er plötzlich eine Gewölbetür. Er legte sie frei und schlug sie mit der Axt ein. Hinter dieser Tür führte eine Stiege steil in die ungewisse Dunkelheit. Sorgfältig, jeden Schritt prüfend, stieg er hinunter. Am Fuße der Treppe angelangt, bemerkte er weit hinten, am Ende eines langen Ganges, einen Lichtschimmer. Gebückt tastete er sich vorwärts. Der Weg schien ihm ungeheuer lang. Endlich erreichte er eine Maueröffnung, durch die Licht in den gewölbten Gang strahlte. Als er sich durch diese Maueröffnung durchgezwängt hatte, erschrak er und griff schnell nach seiner Waffe. Eine Gestalt erhob sich aus der Ecke. Aber Hanno steckte sein Schwert gleich wieder weg. Es war ja nur ein kleines, altes Männlein mit einem grauen Bart, das in einer Kutte da vor ihm stand und ihn schweigend betrachtete.

„So lange mußte ich auf dich warten. Endlich bist du da", sagte das Männlein zu dem jungen Ritter, der da vor ihm stand und den eine seltsame Rührung befiel. „Wer seid Ihr denn, und wie kommt Ihr hierher?" fragte er den alten Mann. „Das ist nicht wichtig", antwortete dieser, „aber du mußt endlich erfahren, wer du bist. Und das will ich dir sagen. Du bist der junge Ritter von Falkenstein, der Erbe der Rannaburg. Du sollst diese Burg wieder aufbauen. Schöner und größer, als sie damals war. Das ist das Vermächtnis deines Vaters, der hier unter diesen Trümmern begraben liegt. Und jetzt will ich dir auch zeigen, wonach du gesucht hast."

Der Alte nahm eine Fackel und führte den jungen Ritter noch einige Stufen hinab in eine niedrige Kammer. Das Männlein schob einen Berg Lumpen mit dem Fuß zur

Seite, und drunter schimmerten und glänzten goldene Münzen und wunderschöne Schmuckstücke.

„Ich habe dies alles für dich bewahrt, aber vergiß deinen Auftrag nicht", sprach noch einmal der Alte, und dann war er plötzlich verschwunden. Nur mehr die Fackel blieb zurück. Mit ihrer Hilfe fand der junge Ritter den Weg zurück in den Burghof. Er stand in der hellen Sonne und wußte nicht recht, wie ihm geschehen war. Keine Menschenseele war zu sehen. So stieg er wieder auf sein Pferd, holte im nahen Dorfwirtshaus seine beiden Roßknechte ab, die er dort warten hatte lassen, und zog zurück zur Burg Haichenbach.

Der Jubel im Schloß war groß. Vater, Mutter und die Schwester, sie freuten sich unendlich. Aber Hanno mußte seine brennenden Fragen loswerden. Er nahm die Mutter beiseite und erzählte ihr sein Erlebnis. Nachdenklich schwieg sie eine Weile, und dann sagte sie ihm, daß er ein Findelkind sei, daß man ihn in einem Boot gefunden habe, das das Zeichen der Falkensteiner auf Rannariedl getragen habe.

Dann holten sie auch den Vater, und sie redeten die ganze Nacht lang über das Wunder seiner Rettung und über das Geheimnis des Schatzes in der Rannaburg.

Der junge Ritter sah in seiner Schwester plötzlich ein schönes erwachsenes Mädchen. Und jetzt wußte er auch, daß er sie zur Frau nehmen konnte, weil er ja doch nicht ihr Bruder war. Ein paar Tage später holte Hanno den Schatz aus der Rannaburg. Er fand unter dem Hügel, den ihm der Geist bezeichnet hat, die Gebeine des Ritters von Falkenstein und seiner Frau. Hanno errichtete ihnen eine würdige Grabstätte in der Schloßkapelle, denn er baute die Burg mit starken Mauern wieder auf. Schöner und größer, als sie zuvor war. Er zog als Ritter von Falkenstein mit der schönen Tochter von der Haichenburg in Rannariedl ein. Sie lebten viele Jahre dort in Glück und in Frieden, aber den Geist der Rannaburg hat nie mehr jemand gesehen.

Die Rannaburg steht immer noch am Felsengrat hoch über der Donau, und von ihren Fenstern kann man auf den Fluß herunterschauen, der den jungen Ritter von Falkenstein einst vor den Feinden gerettet hat.

DIE BÖSE RAN

Es gab für die Schiffahrt auf dem Donaustrom viele Gefahren in früheren Zeiten. Unterhalb der Mündung des Rannabaches befand sich eine wilde Stromschnelle. Hier ragten für den Schiffer unsichtbare Felszacken empor, an denen sich das Wasser brach und kreisende Wirbel bildete.

Die Schiffer hatten alle Angst vor dieser Stelle. Viele Handelsschiffe, mit wertvollen Waren beladen, sind hier zerschellt und mit Mann und Maus in den Fluten versunken. Nur die kleinen, wendigen Boote kamen an diesen Klippen vorbei.

Die Menschen, die am Strom wohnten, hatten ihre eigene Erklärung für diese gefährliche Stelle. Sie wußten es von ihren Großeltern und von den alten Schiffern, und sie erzählten es weiter.

An dieser Stelle wohnte das riesige Nixenweib Ran mit seinen neun Töchtern. Die trieben wilde Spiele unter Wasser, peitschten mit ihren Fischschwänzen die Wogen hoch, daß die Gischt schäumte. Angst und Entsetzen erfaßte die Schiffer, wenn sie an diese Stelle kamen. Kein noch so kräftiger Steuermann konnte der Strömung gegensteuern. Die raffende Ran holte sich ihre Opfer persönlich. Sie packte das Schiff beim Kiel und zerrte es auf die Riffe zu. Krachend rissen die scharfen Felsgrate den hölzernen Rumpf des Schiffes auf. Der Wasserstrudel wirbelte die Trümmer des Schiffes, seine Warenladung und die Besatzung auf den Grund des Stromes.

Das war immer ein Fest für die Nixen. Sie rafften an sich, was ihnen gefiel, spielten und tobten mit der Beute, bis sie schließlich all das, was sie besonders liebten, in ihr Schloß brachten. Vor allem hatten sie es auf die glänzenden Schätze, den Schmuck, das Gold und die Edelsteine abgesehen. Was sie nicht behalten wollten, warfen sie ans Ufer. Der alte, erblindete Fischer Sebastian behauptete, die böse Ran erblickt zu haben. Von da an hat er das Augenlicht verloren. Seine Zuhörer bekamen eine Gänsehaut, wenn er die Riesennixe beschrieb. Auf ihrem mächtigen Kopf wuchsen armlange, grüne Algenbüschel als Haare, ihre Arme waren wie Schiffsmasten, und anstatt der Füße hatte sie wie alle Nixen einen Fischschwanz, der aber die Ausmaße eines großen Ruderbootes hatte. Ihre Haut war glasig blau, und aus ihren Augen funkelten gelbe Lichter.

Die Schiffsmannschaften bekreuzigten sich, wenn sie in die Nähe des Stromwirbels kamen. Aber weder Flüche noch Gebete konnten die böse Ran davon abhalten, ihr gieriges Spiel zu treiben.

Ein Stück unterhalb dieser Gefahrenstelle wohnte in einer verfallenen Hütte eine alte Frau. Die Leute wollten mit ihr nichts zu tun haben, denn man sagte ihr nach, sie wäre eine Komplizin der bösen Ran. Sie holte sich das Strandgut, das die Nixen ans Ufer warfen, davon konnte sie gut leben. Sie war also eine Nutznießerin des Unglücks, und deshalb traute sich niemand aus dem Dorf in ihre Nähe.

In diesem Dorf lebte aber auch ein junger Schiffer, dessen Vater vor nicht allzu langer Zeit in den Wirbeln ums Leben gekommen war. Florian trug schwer an diesem Verlust, und sein Herz war von Haß gegen die Nixen erfüllt. Stundenlang konnte er am Ufer entlang- streifen und über die Geheimnisse der Stromschnellen nachdenken. Er ließ kleine Rindenschiffchen durch die Wasserwirbel treiben und beobachtete genau den Verlauf der Strömung.

Eines Tages wagte er sich mit seinem eigenen Boot in die Fluten. Er wollte seine Kenntnisse erproben. Wie

eine Nußschale tanzte das Gefährt über das tobende Wasser, aber mit kräftigen Ruderschlägen brachte er es durch die Stromschnelle aus der Gefahrenzone. Er war sich sicher, daß man auch ein großes Schiff mit Tiefgang durch den Strudel bringen könnte, wenn nicht die Nixen ihre Hand im Spiel hätten. Was aber sollte man tun, um der bösen Ran das Handwerk zu legen? Oder gibt es vielleicht etwas, wodurch man das Wohlwollen der Nixen gewinnen könnte?

Viele Fragen schwirrten in seinem Kopf umher, während er durch die Wälder der Donauleiten streifte. Da hörte er ein schwaches Blöken. Am Fuße eines vorspringenden Felsens lag ein junges Schaf mit gebrochenem Bein. Es mußte bereits lang hier gelegen sein, denn es war schon ganz schwach. Florian schiente den gebrochenen Fuß des Tieres und gab ihm zu trinken.

Wem mochte es wohl gehören? Ah, da stand ja in der Nähe diese windschiefe Hütte der alten Hexe, sicher war es ihr Tier. Florian brachte das Lämmchen zum Haus und rief nach der alten Frau. Sie kam aus dem Haus und musterte ihn freundlich. „Ich habe es schon immer gewußt, daß du ein braver Bursche bist, und nun will ich dir auch das Geheimnis verraten, nach dem du schon so lange suchst", murmelte sie. „Nimm das Schäfchen mit, ich brauche es nicht, aber wenn du durch den Strudel fahren willst, dann opfere es der Ran. Alle diese Nixen haben eine große Freude mit Lämmern. Wenn du ihnen ein Schaf schenkst, spielen sie mit ihm und lassen das Schiff in Ruhe – verstehst du das?"

Florian verstand, er nickte wortlos. „Sei gescheit und behalte das, was ich dir anvertraut habe, für dich. Es ist immer gut, wenn einer mehr kann als die anderen!" Rasch kehrte sie dem jungen Mann den Rücken und verschwand in ihrer Hütte. Er nahm das Lamm auf den

Arm und ging nach Hause. Ununterbrochen kreisten seine Gedanken um die Worte der alten Frau. Er wollte versuchen, was sie ihm geraten hatte.

Er fuhr also nach Passau, gab sich hier als ein großer Spezialist für die Donaustromschnellen aus. So lange redete er in den Handelshäusern, bis man von seinen Kenntnissen überzeugt war und ihm eine schwere Zille, mit Handelsware beladen, anvertraute.

So fuhr Florian eines Tages mit diesem Schiff stromabwärts. Als das Rauschen des Rannaflusses zu hören war, packte er das Steuerruder fest mit beiden Händen und ließ keinen Blick mehr von der Strömung. Er wußte, wo die Felsen im Wasser aufragten, doch da begann das Wasser zu tanzen und sich zu drehen, weiße Gischt stieg hoch, und die schwere Zille bäumte sich auf. Sicher tobte die Ran schon in der Tiefe. Da griff der junge Schiffer nach dem Lamm, warf es in hohem Bogen in die kochende Flut. Kaum war das Tier im Wasser versunken, wurden die Wogen sanft, und die Wirbel lösten sich auf. Das Steuerruder ließ sich wieder führen, und nach einer Wendung vor dem letzten Riff war die Gefahrenzone durchfahren. Da ließ Florian einen Jauchzer los und warf seinen Hut in die Luft.

In Linz angekommen, kassierte er einen hohen Lohn für diese Fahrt. Überall in den Herbergen und in den Geschäften der Kaufleute sprach man über seine erfolgreiche Schiffahrt. Man riß sich um Florian, und so trat er immer wieder die Fahrt von Passau nach Linz an, um die Schiffe und Waren sicher durch die Stromschnellen zu bringen. Ein Lamm war jedes Mal dabei, es lenkte die Nixen ab, war ihnen ein willkommeneres Spielzeug als das Schiff mit seiner Ladung.

Mit seinem Ruf als Schiffahrtsmeister wuchs auch Florians Stolz und Übermut. Er benahm sich schon, als wäre er der Stromkönig. Man bezahlte ihn gut, und sein zunehmender Reichtum stieg ihm zu Kopfe. Er gewöhnte sich an, jede erfolgreiche Fahrt mit Wein zu feiern. Manchesmal feierte er schon, bevor er die Fahrt antrat. So verlor er nach und nach die Vorsicht, und nach einer durchzechten Nacht in Straubing ging er eines Tages ohne Lamm auf das Schiff. In seinem umnebelten Kopf glaubte er sich schon alleine stark genug, um ohne Opfertier durch die Stromschnelle zu kommen.

Als der kühle Fahrtwind seinen Rausch verscheuchte, bereute er bald seine Nachlässigkeit. Es war aber zu spät. Die Stromenge kam heran, und Florian hielt das Steuerruder fest in Händen. Die Strömung zog, stärker und stärker, das Schiff wollte seinem Griff nicht mehr gehorchen. Knapp brachte er es am ersten Felsen vorbei, doch schon wirbelte es ihn hinein in den engen Schwall. Hier hatte er immer das Lamm versenkt. Da wurde das Schiff von einem mächtigen Wasserwirbel erfaßt, die Gischt spritzte hoch auf, ein gewaltiger Stoß, splittern-des Holz krachte, und der Strudel zog das kenternde Fahrzeug in die Tiefe.

Die böse Ran hatte sich Florian samt seinem Schiff geholt.

Lange Zeit getraute sich kein Schiffer mehr mit seiner Ladung durch die Stromschnellen zu fahren, doch Florians Geheimnis ist nicht unbekannt geblieben, die Leute erinnerten sich, daß er immer ein Lamm auf seinem Schiff dabei hatte. Und so versuchten es andere auch mit diesem Opfer für die Nixen. Viele Jahr-hunderte hielt sich der Brauch, der bösen Ran und ihren wilden Töchtern ein junges Schaf zu opfern.

In unserer Zeit aber wurde der Stromweg der Donau von diesen gefährlichen Klippen befreit, und vom alten Brauch, der Ran zu opfern, erzählt nur mehr die Sage.

DIE SCHLANGENINSEL

Vom nördlichen Mühlviertel her bringt die Große Mühl ihre braunen Wasser zur Donau. Nahe der Mündung, auf einem steil abfallenden Höhenrücken, wurde Schloß Neuhaus erbaut. Es gehörte ursprünglich den Grafen von Schaunberg. Die Besitzer dieser Festung hatten das Recht, von den vorbeiziehenden Schiffen Zölle einzuheben.

Keinem Schiff konnte es gelingen, sich vorbeizuschwindeln, dafür sorgte der Burgvogt. Daß seine Methoden nicht immer fein waren, das beweist der Kettenstein. Ein mächtiger Felsblock ragte nahe dem Ufer aus dem Fluß. Heute kann man ihn nicht mehr sehen, denn seit dem Jahr 1963, als das Stauwerk Aschach vollendet wurde, liegt er unter dem Wasserspiegel. Der Stein trägt einen massiven Eisenhaken. So konnte man eine eiserne Kette vom nördlichen zum südlichen Ufer der Donau spannen, um den Schiffen die Durchfahrt zu verwehren. Das war auch die Praxis der Raubritter, wenn sie Schiffe plündern wollten.

In der Mitte des 14. Jahrhunderts saß auf Neuhaus ein Burgvogt, der sich wie ein Raubritter aufführte. Grausam erpreßte er von den vorbeifahrenden Kaufleuten überhöhte Zölle, um einen großen Anteil in seine Tasche fließen zu lassen. Vogt Wernhard war landauf, landab gefürchtet, er mißbrauchte sein Amt gewissenlos.

Eines Tages kam ein Regensburger Kaufherr mit seinem schwer beladenen Schiff in die Nähe der Feste Neuhaus. Er wußte, daß er hier anlanden mußte, um seine Gebühren zu bezahlen. Der Steuermann leitete das Landemanöver gerade ein, als am Ufer der Vogt und seine Knechte erschienen. Sie schleppten lange Stangen mit eisernen Haken und zogen damit das Schiff ans Ufer. Der Vogt pflanzte sich vor dem Kaufmann auf und schrie ihn an: „Ihr wolltet vorbeifahren und uns um den Zoll prellen, gerade haben wir euch noch erwischt!" „Nein, Herr", antwortete der Kaufmann. „Wir wollten gerade anlegen. Ich weiß, was ich Euch schuldig bin und denke nicht daran, es Euch nicht zu geben."

Doch der Vogt hatte schon den Vorsatz gefaßt, die ganze Ladung an sich zu bringen. Zu verlockend sahen die hochgetürmten Warenballen auf dem Schiff aus. „Ich habe Euch durchschaut, Ihr habt das Gesetz gebrochen, und deshalb ist die ganze Fracht verfallen." Zornesröte färbte sein Gesicht dunkel, und ohne auf die Beteuerungen des Kaufherrn zu hören, gab er seinen Knechten das Zeichen, das Schiff zu plündern.

Die Besatzung des Schiffes wehrte sich verbissen gegen die wilden Knechte. Mit allem, was ihnen unter die Hände kam, schlugen sie auf die Plünderer ein. Doch sie unterlagen, wurden gefesselt und ins Burgverlies geschleppt. Da schrie der Kaufmann dem Vogt ins Gesicht: „Ihr mißbraucht Euer Recht, das ist rohe Gewalt. Ich bin ein freier Handelsherr, und ich habe mit meinen Leuten freies Geleit!"

Höhnisch lachte Wernhard dem Verzweifelten ins Gesicht und sagte zu seinen Leuten: „Dann bindet ihn auch und bringt ihn in den Kerker der Burg. Vielleicht ist er den Regensburgern ein ordentliches Lösegeld wert!"

Da schüttelte der Kaufmann seine Faust gegen den Vogt und rief mit drohender Stimme: „Ich verfluche dich, du teuflischer Räuber, du verdammter Schurke! Du sollst nicht sterben wie ehrliche Leute, sondern elend zugrunde gehen!"

Schon hatten die Knechte den Handelsherrn gepackt und vom Ufer der Donau weg ins Burgverlies geschleppt. Vogt Wernhard lachte über diesen Fluch und freute sich über die ungeheuren Schätze, die man

PRO

vom Schiff trug. Der Kaufherr und seine Leute blieben wochenlang auf der Burg gefangen, bis die Regensburger Stadtherren für sie das hohe Lösegeld bezahlten, das der Vogt verlangt hatte.

Um die Schiffe auf dem Strom noch besser kontrollieren zu können, ließ Wernhard wenig später auf einer kleinen Insel einen hohen Turm errichten. Hier sollte sein Knappe Walter Turmwart sein. Brutal wie sein Herr versah dieser seinen Dienst. Aber der zu Unrecht beraubte und mißhandelte Kaufherr von Regensburg beklagte sich beim Herzog über die Untaten des Vogts und seine Raubrittermethoden. Es waren viele, die sich dieser Klage anschlossen, und so kam der Mißstand auch dem Kaiser zu Ohren.

Als Wernhard davon erfuhr, flüchtete er aus der Burg und verschanzte sich im Turm auf der Insel. Seinen treuen Knappen Walter schickte er am nächsten Tag, um Lebensmittel für eine lange Zeit herbeizuholen. Als Walter ein paar Stunden später auf die Insel zurückkam, lag der Vogt tot vor dem Turm. Über seinen Körper krochen unzählige schwarze, giftige Vipern, die ihm das Gesicht zerfraßen. Qualvoll muß sein Ende gewesen sein.

Voll Entsetzen wollte Walter davonlaufen, aber er stolperte über einen Stein und fiel mitten hinein in das Gewimmel der Schlangen. Und so ereilte ihn der gleiche schreckliche Tod wie seinen Herrn.

Der habgierige Vogt ist also nicht gestorben wie ein ehrlicher Mensch, er ist grauenvoll zugrunde gegangen. Das war der Fluch des Kaufmanns, der sich hier erfüllt hat. Seit dieser Zeit heißt die kleine Insel, auf der natürlich längst kein Turm mehr steht, im Volksmund die „Schlangeninsel".

MIT DEM TEUFEL IM BUNDE

Abrakadabra – simsalabim – wer möchte nicht zaubern können? Bestimmt wünscht sich das jeder von uns.

Doktor Faust konnte es, und deshalb redet man heute noch über ihn. Er war ein sehr gelehrter Mann, der viel studiert und gelesen hatte. Es genügte ihm aber nicht, tagaus, tagein hinter Büchern zu sitzen, er wollte auch die Welt kennenlernen. So ging er, wie viele Leute in den vergangenen Jahrhunderten es taten, auf Wanderschaft. Dort und da blieb er eine Zeit lang, um dann wiederum weiterzuziehen.

Gegenüber dem Ort Aschach liegt am Berghang, der steil zur Donau abfällt, ein großes Haus, nicht gerade ein Schloß, aber immerhin nannten es die Leute ein Schlößl. Die Sage erzählt, daß Dr. Johannes Faust hier gewohnt hat, und so heißt das Gebäude heute noch Faust-Schlößl.

Dr. Faust war nicht nur sehr gescheit, er beherrschte auch viele Zauberkunststücke und verwirrte damit die Leute. Alles, was sich die einfältigen Menschen nicht erklären konnten, schien ihnen ein Werk des Teufels zu sein. Sie hatten aber nicht unrecht mit dieser ihrer Meinung. Dr. Faust stand wirklich mit dem Teufel im Bunde.

Das Abkommen, das der Gelehrte mit dem Höllenfürsten geschlossen hatte, machte es ihm möglich, den Menschen die wunderlichsten Sachen vorzuführen. Der Teufel verpflichtete sich viele Jahre lang, ihm alle Wünsche zu erfüllen, so verrückt sie auch sein mochten. Allerdings, nach einer genau festgelegten Zeit sollte er dafür die Seele von Dr. Faust bekommen und mit ihr zur Hölle fahren. Der gescheite Wissenschaftler hatte sich aber eine Möglichkeit ausgerechnet, daß er den Teufel vielleicht doch ums Ohr hauen könnte. In dem

Papier stand geschrieben, wenn der Satan einmal einen Wunsch nicht erfüllen könne, wäre der ganze Vertrag ungültig. Diese Vereinbarung unterschrieb Dr. Faust mit einem Tropfen seines Blutes. Dann begab er sich auf die Reise. Der Teufel begleitete ihn als sein Diener. Er sah sich die Welt an und erfreute sich all der schönen Dinge, die er sich herbeizaubern ließ. Natürlich strengte er sich im Erfinden unmöglicher Wünsche manchmal gewaltig an. Eigentlich wollte er doch den Klauen des Teufels entrinnen. Doch so verrückt die Wünsche des Dr. Faust auch waren, der Teufel erfüllte sie.

Eines Tages zogen die beiden donauabwärts und kamen nach Aschach. Faust war sehr müde und wollte hier ausruhen. Es schien ihm aber kein Haus gut genug, und so zeigte er zum gegenüberliegenden Ufer und meinte zu seinem höllischen Diener: „Das ist eine schöne Gegend. Hier gefällt es mir. Bau mir dort ein kleines Schloß, ich will heute dort übernachten."

Der Teufel war an solch unmögliche Wünsche bereits gewohnt. Er sauste wie ein Geschoß über die Donau und eilte den Berg hinauf. Nur ein einziges Mal stampfte er mit seinem Pferdefuß auf den Boden, und sofort waren die vielen dienstbaren Geister aus der Hölle zur Stelle. Mit Krach und Getöse wuchs auf der Anhöhe ein wunderschönes Haus empor. Faust saß währenddessen im Wirtshaus und konnte sich nicht vorstellen, daß der Teufel in so kurzer Zeit ein Schloß bauen konnte. Er hatte es aber tatsächlich wieder geschafft, das Haus nicht nur erbaut, sondern es auch gleich mit einer wunderschönen Einrichtung ausgestattet.

Der Gelehrte war begeistert, und er beschloß, nicht nur eine Nacht hierzubleiben, sondern viele Wochen hier zu wohnen. Am nächsten Morgen, als er ausgeschlafen war, ging er gutgelaunt ins Dorf. Er unterhielt die Leute mit seinen raffinierten Zauberkunststücken, und sie

kamen aus dem Staunen und Gaffen gar nicht mehr heraus. Im ganzen Donautal verbreitete sich die Kunde vom großen Zauberer Faust. Man grüßte ihn ehrfürchtig und dankte ihm mit viel Beifall für seine Vorführungen. Dem Dr. Faust gefiel es, daß er von den Leuten so verehrt wurde. Aber trotzdem wurde er seines Lebens nicht froh, obwohl er sich alle Freuden verschaffen konnte. Er spürte, wie der Teufel an seiner Seite die Tage zählte und auf seine Seele lauerte. Um seine Seele aber vor der Hölle zu retten, erdachte Faust die wunderlichsten Wünsche und Aufträge, damit endlich einmal einer dabeisein solle, den der Teufel nicht erfüllen konnte. Einmal mußte es ihm doch gelingen, den Satan vor eine unlösbare Aufgabe zu stellen.

So hatte er eines Tages die Idee, der Teufel solle, wenn er mit seinem Pferd im Galopp dahersprenge, vor ihm eine Brücke über die Donau schlagen und sie hinterher gleich wieder abreißen. Der Satan kratzte sich hinterm Ohr, stampfte mit seinem Pferdefuß auf die Erde, und im Nu waren die Gehilfen zur Stelle und bis Faust auf seinem Roß saß, war die Brücke über die Donau gespannt. Faust ritt im scharfen Galopp über das Bauwerk, und als das Pferd mit seinen Hufen das andere Ufer erreichte, stürzte die Brücke zusammen und versank in den Fluten.

Faust wollte sich immer mehr die Zuneigung der Leute mit Hilfe des Teufels erkaufen. Deshalb wollte er auch den Bauern im Donautal ein Festmahl geben. Er verlangte von seinem Diener, daß er einen langen Tisch aufstellen und mit den köstlichsten Speisen und den besten Getränken beladen solle.

Nach dem Essen und Trinken wollte er aber mit seinen Gästen auf der Donau kegeln. Eine Kegelbahn mitten auf dem Strom, ob solches Teufelswerk wohl möglich wäre? Alles war möglich. Zum Mittagessen stand die lange

Tafel bereit, an der alle Gäste Platz fanden. Braten, Würste, Brathühner und dampfende Knödelberge standen bereit. Wein und Bier in riesigen Krügen und teuflisch scharfer Schnaps in großen Flaschen erfreuten die Männer. An Süßigkeiten und Leckereien türmte sich auf dem Tisch, was man nur erträumen konnte. Die Gäste schlugen sich den Bauch voll und ließen mit jedem Glas, das sie tranken, ihren Gastgeber hochleben. „Und nun, liebe Gäste, lade ich Euch zu einem Kegelspiel ein!" Erstaunt schauten die Bauern auf die spiegelglatte Kegelbahn mitten auf dem Strom, aber keiner getraute sich das Wasser zu betreten. Ängstlich und mißtrauisch drückten sie sich zu einem Haufen zusammen. Da ging Dr. Faust ganz alleine über das Wasser in die Mitte der Donau. Dort klatschte er in die Hände, und eine Schar kleiner Teufel erschien, um mit ihm zu spielen. Seinem Diener, dem Oberteufel, schaffte er an, die Kegel aufzusetzen. Das ärgerte den Satan gewaltig, aber trotzdem gehorchte er. Die Kugeln flitzten über die spiegelglatte Wasserbahn, und die Kegel stoben krachend auseinander. Manch wuchtiger Stoß beförderte die Kegel sogar bis ans Ufer des Stromes. Der Teufel wußte nicht, wo er zuerst hinsollte. Er rannte keuchend hinter den Kegeln her und setzte sie wieder auf. Faust war ungeduldig und warf ihm die Kugel vor Zorn an den Kopf. Vor Schmerz schrie der Satan laut auf, und insgeheim verfluchte er seinen Herrn und Gebieter. Aber er wußte, bald würde die Zeit des Dr. Faust zu Ende sein und er könnte seine Seele kassieren. Den ganzen Nachmittag schob Faust mit den kleinen Teufeln die Kugeln über die Wasserbahn, und der Oberteufel bemühte sich, die Kegel immer wieder an Ort und Stelle zu bringen. Zitternd und ängstlich standen die Bauern immer noch am Ufer und gafften mit offenen Mündern, als Dr. Faust endlich müde geworden ans Ufer zurückkehrte. Kaum betrat er festen Boden, war im selben Augenblick die Kegelbahn samt den Teufeln verschwunden.

Der große Gelehrte zermarterte sich immer mehr und mehr sein Hirn, er wollte dem Teufel etwas anschaffen, das dieser vielleicht doch nicht erfüllen konnte. So wünschte er sich zu guter Letzt noch eine gepflasterte Straße, die vom Faust-Schlößl bis zum Schloß Neuhaus führen sollte. Selbstverständlich bewältigte der Höllenfürst auch diese Aufgabe, und er tat diese Arbeit mit der größten Freude, denn die im Vertrag vereinbarte Zeit war nun um. Und der Teufel war sich der Seele des Doktors sicher. Bald darauf erwachten die Leute in den umliegenden Bauerndörfern und auch die Bürger von Aschach eines Nachts von einem ohrenbetäubenden Lärm. Aus dem Faust-Schlößl hörte man lautes Ächzen und Stöhnen, dann erzitterte die Erde, und grelle Blitze zuckten über den schwarzen Himmel.

Der Teufel kam, um sich die Seele von Dr. Faust zu holen. Den packte nun die nackte Angst. Weinend und schreiend versteckte er sich im letzten Winkel seines Hauses. Mit schlotternden Knien und klappernden Zähnen versuchte er ein Gebet zu sprechen, aber so gescheit er auch war, das Beten konnte er nicht. Auf einem der Blitze fuhr der Teufel durch die Luft daher und packte ihn und fuhr mitten durch die Mauer mit ihm zur Hölle. Dr. Faust hatte seine Seele an den Teufel verloren. Als am nächsten Tag die Morgensonne aufging, sahen die Leute ängstlich zum Schloß hinüber. In der Mauer des Hauses gähnte ein riesiges, schwarzes Loch. Von dem großen Zauberer aber hat keiner mehr etwas gesehen. Er blieb verschwunden.

Nur wenn die Schiffer vorüberfuhren, schauten sie zum Faust-Schlößl hinauf und sagten: „Aus diesem Höllenfenster schaut der Dr. Faust herunter."

WETTEN, DASS ...!

Wirtshäuser hat es entlang der Donau viele gegeben. Fischer, Schiffsleute, Bauern kehrten hier ein. Nicht überall ging das Geschäft gut. Schlecht, sogar sehr schlecht ging es bei einem Wirt, der seinen Gasthof in der Gegend von Eferding nahe der Donau hatte.

Die Bauern, die bei ihm dann und wann ein Bier oder ein Glas des billigsten Weines tranken, machten das Kraut nicht fett, wie man so schön sagt. Das Haus war alt und baufällig, und der Wirt konnte es nicht herrichten lassen, weil das Geld fehlte.

An einem heißen Samstagnachmittag saßen wieder einmal ein paar Männer in der Wirtsstube. Dann und wann machte einer einen kleinen Schluck aus seinem Glas. Da kam keine ordentliche Zeche zustande, wenn die Kerle stundenlang vor ein und demselben Getränk saßen. Der Wirt schaute verdrossen drein und wünschte insgeheim sein schlechtes Geschäft zum Teufel.

Keiner der Gäste sprach ein Wort. Nur die Fliegen summten am Fenster.

Da riß plötzlich einer die Tür auf, ein fröhlicher junger Bursche betrat die Gaststube, grüßte alle freundlich und rief: „Hallo, Herr Wirt, ich habe einen Riesendurst, kann ich einen Krug Wein haben? Aber, lieber Wirt, bringt mir den allerbesten, den Ihr im Keller habt!" Da riß der Wirt die Augen auf, so einen Gast, der den besten Wein bestellt, hatte er sich schon lange gewünscht, alle seine Gäste wollten immer nur den billigsten.

So schnell er konnte, rannte er in den Keller und vergaß ganz seine Müdigkeit. Die Bauern am Stammtisch reckten neugierig ihre Hälse. Der Bursche ließ den Wein die Gurgel hinuntergluckern und lobte diesen guten Tropfen. Das freute den Wirt, er setzte sich zu seinem Gast an den Tisch und erklärte ihm, daß es weit und breit keinen besseren Wein gäbe. „Der edelste Tropfen aus meinen Fässern", versicherte er.

Dann begann der Gastwirt aber, den Fremden neugierig auszufragen. „Aus der Gegend seid Ihr nicht, sonst müßte ich Euch kennen", stellte er fest. „Das stimmt", meinte der Bursche, „ich komme von weither und habe halb Europa durchwandert!" „Aha, da seid Ihr also ein Handwerksbursche." Da lachte der Gast hell auf: „Da seid Ihr weit daneben, ich bin ein Doktor der Zauberkünste." Na, so etwas war dem Wirt noch nie untergekommen. Ein Doktor der Magie in seinem armseligen Wirtshaus!

Der Fremde erzählte weiter: „Vor Fürsten und Grafen habe ich schon meine Kunststücke vorgeführt, überall wohin ich kam, staunte man über mich und schätzte und ehrte mich hoch." Dem Wirt fielen fast die Augen aus dem Kopf, und die Hälse der Bauern wurden immer länger, damit sie ja alles hören konnten, was der Fremde da erzählte.

„Führt doch auch bei uns eines Eurer wunderbaren Zauberkunststücke vor", bat da der Wirt. „Aber natürlich, das will ich gerne tun, wenn Ihr wollt, dann werde ich höher springen als Euer Haus", schlug der Gast vor. „Oje, das ist ein Witz", lachte der Wirt, „keiner kann höher springen als mein zweistöckiges Haus! Das glaubt Euch keiner, solche Zauberkunststücke gibt es nicht."

„Doch, doch, das Haus könnte auch fünf Stockwerke haben, ich springe höher, um vieles höher", plusterte sich der Herr Doktor der Zauberkünste auf. „Wollt Ihr nicht mit mir wetten?"

Damit war der Wirt sofort einverstanden. Es war ihm auch egal, was immer auch die Wette sein sollte, er würde sie ohnehin gewinnen. Er war bereit, um alles, um sein ganzes Hab und Gut, ja selbst um seine Seele zu wetten.

„Gut, gut", sagte der Fremdling, „wenn ich die Wette verliere, so zahle ich 50 Krüge Eures besten Weines. Wenn ich aber tatsächlich höher springe als Euer Haus, so gehört dieses Haus mir!"

„Aber natürlich, genauso wetten wir zwei. Schlagt ein, Herr Zauberer, und zeigt uns Eure Kunst", schrie der Wirt vergnügt. Soviel Spaß hatte er schon lange nicht mehr gehabt. Der Bursche aber sagte zu den Bauern: „Habt ihr alles gehört, ihr seid meine Zeugen, der Wirt hat sein Haus an mich verwettet."

Die ganze Gesellschaft ging nun vor das Haus. Der fremde Gast stellte sich auf dem Vorplatz auf, krempelte sich mit viel Tamtam die Hosenbeine und die Ärmel hinauf, machte ein paar Schwünge mit den Armen und rief: „Seht alle ganz genau her." Und dann sprang er mit einem Satz in die Höhe und „plumps", war er mit beiden Beinen wieder auf dem Boden. Der Wirt lachte und lachte, daß ihm die Tränen über die Wangen rollten. „Nicht einmal einen Meter war Euer Sprung hoch. Ihr habt verloren, verloren. 50 Krüge Wein habt Ihr verloren!"

„Halt, halt, nicht so schnell, die Sache ist noch nicht zu Ende. Jetzt bin erst ich gesprungen, und nun kommt Euer Haus dran. Spring schon, du altes Wirtshaus!" rief der Zauberer fröhlich.

Da packte den Wirt die nackte Wut: „So haben wir nicht gewettet, das ist Betrug. Ihr seid kein Doktor der Magie, sondern ein Schwindler, ein ganz gewöhnlicher Betrüger." Doch die Bauern, die da herumstanden, lachten auch und beeilten sich zu bezeugen, daß der Fremde im Recht war. „Er hat gesagt, er kann höher springen als das Haus, und das hat er getan. Das Haus kann ja überhaupt nicht springen", stellten sie einhellig fest.

Da packte den Wirt die Angst, und er schrie: „Er bekommt mein Haus aber trotzdem nicht, auch wenn die Wette gilt. Ich geb' es ihm nicht, er kriegt es nicht!"

„Ich will es ja gar nicht", sagte der Fremde lachend. „Ich habe ja nur Spaß mit Euch gemacht. Vielleicht könnte ich aber bei Euch bleiben und hier arbeiten, ich mag nicht mehr herumwandern, ich will ein Zuhause."

Da atmete der Wirt erleichtert auf. Ja, warum soll der Bursche nicht bei ihm bleiben und in der Wirtsstube helfen? Vielleicht lockt er mit seinen Scherzen ein paar Gäste herbei. Der Bursche blieb, und der Wirt sah bald, daß er richtig spekuliert hatte. Von weit und breit kamen auf einmal die Leute ins Gasthaus, weil sie gehört hatten, daß hier ein junger Zauberkünstler seine Späße machte. Er unterhielt die Gäste prächtig und war fleißig und tüchtig noch dazu.

Der Wirt war sehr zufrieden, in der Kasse klingelte Geld, bald konnte er das Haus erneuern und sogar die Gaststube vergrößern. So ging es einige Jahre recht gut mit dem Wirt und dem lustigen Zauberkünstler. Da brach im ganzen Land eine böse Seuche aus, und der junge Bursche war einer der ersten, der an dieser ansteckenden Krankheit starb.

Der Wirt war darüber unendlich traurig, denn der Bursche war ihm wie ein Sohn ans Herz gewachsen. Damit er auch von den Gästen nicht so schnell vergessen würde, ließ er ihm ein besonderes Denkmal setzen. Er ließ ein großes Schild an seinem Gasthaus anbringen, auf dem der Zauberer dargestellt war, wie er gerade mit beiden Beinen in die Luft sprang. Das Wirtshaus bekam von nun an den Namen „Springerwirt", und alle Gäste, die hier einkehrten, wurden immer wieder an den lustigen Gesellen erinnert.

Wetten, daß du auch höher springen kannst als das alte Wirtshaus?!

SCHRECK UND GLÜCK VON FREUDENSTEIN

Es ist schon sehr lange her, daß in der Gegend zwischen Aschach und Ottensheim auf der Mühlviertler Donauseite die Burg Freudenstein stand. Freudenstein – ein schöner Name für eine Festung. Es war auch eine schöne Burg, die da auf dem bewaldeten Hügel thronte. Heute sieht man nur mehr Mauerreste, zwischen denen Bäume Wurzeln geschlagen haben.

Vor langer, langer Zeit lebte hier der Ritter Mangold. Er hatte seinem Herzog viele Kriegsdienste geleistet, war tapfer und furchtlos, und deshalb hat dieser ihn mit der Burg Freudenstein belohnt. So kam der wilde Rittersmann in unser Donauland.

Hier führte er sich aber ganz und gar nicht gesittet auf. Er veranstaltete wilde Gelage, bei denen Unmengen gegessen und noch viel mehr getrunken wurde. Dazu lud er allerhand Gesindel ein. Die Späße, die man sich erlaubte, waren roh und derb. Bald war das Geld des Ritters verpraßt. Er wußte sich aber zu helfen, Mangold begann zu stehlen und zu rauben. In der ganzen Gegend fürchtete man diesen schrecklichen Raubritter. Es war ihm nichts zu gering, er nahm, was ihm in die Hände fiel. Fand er in einem Haus kein Geld oder andere brauchbare Dinge, dann nahm er den Hausherrn oder seine Frau gefangen, steckte sie in den Kerker und versuchte Lösegeld zu erpressen.

Er tyrannisierte die Bewohner der Dörfer der ganzen Gegend zwischen Goldwörth und Ottensheim. Auch die Schiffe auf der Donau waren vor seinen Überfällen nicht sicher.

Gierig, grausam, jähzornig, so kannten ihn die Bauern, Handwerker und Reisenden dieser Gegend. Seinen Hausleuten gegenüber war er aber genauso brutal. Viele

seiner Knechte und Mägde zogen es daher vor, sich rechtzeitig wieder davonzumachen. Bald hatte er nicht mehr allzuviel Dienstpersonal.

Nach jahrelangem wüsten Treiben wurde Mangold krank, schwer krank. Fieber und Schmerzen plagten ihn Tag und Nacht. Er konnte die Burg nicht mehr verlassen und lebte fast wie sein eigener Gefangener. Ein paar Knechte, die noch bei ihm geblieben waren, und sein Kerkermeister zogen nun für ihn auf Raub aus.

Betreut wurde der kranke Wüterich von seinem Haushofmeister. Dietrich hieß der junge Mann, der vor einiger Zeit bei dem Ritter in den Dienst getreten war. Mangold wußte wenig von seinem Haushofmeister, aber er vertraute ihm. Er war Gärtner und kam aus Passau. Dort hatte er sich in die Tochter eines reichen Kaufmannes verliebt, und das Mädchen war ihm auch sehr zugetan. Als der Kaufmann erfuhr, daß seine Tochter den Gärtner liebte, vertrieb er diesen aus seinem Haus. Dietrich verließ verzweifelt die Stadt und suchte sich eine neue Arbeit auf der Burg Freudenstein.

Bald war er für den kranken Ritter ein unentbehrlicher Helfer. Er verstand viel von der Heilkraft der Kräuter, und so konnte er die Schmerzen seines Herrn immer wieder etwas lindern. Mit Geduld ertrug er die Launen und die Zornesausbrüche des Ritters. Er war der gute Geist auf dieser Burg.

Eines Tages schickte Mangold die Knechte und den Kerkermeister aus, um ein Handelsschiff, das in Ottensheim vor Anker lag, zu überfallen und auszurauben. Die Schiffsmannschaft verteidigte sich aber tapfer, der Kerkermeister wurde erschlagen, und das Schiff konnte auf dem Donaufluß davonfahren. Den Knechten fielen nur der alte Kaufmann und seine Tochter in die Hände. Die beiden waren in Ottensheim an Land gegangen und konnten das Schiff nicht mehr rechtzeitig erreichen.

Die Knechte schleppten den würdigen Handelsherrn vor den Ritter. Der verlangte tobend und schreiend Geld von ihm. Doch der Kaufmann zeigte keine Furcht. Ganz ihm Gegenteil, er drohte dem Ritter, daß sein Schiff bald Hilfe schicken würde, und dann würde es dem Ritter schlecht ergehen. Voll Zorn befahl er nun, den Alten in das Burgverlies zu werfen. Dietrich mußte den Befehl des Herrn ausführen. Aber er hatte bereits in dem Mädchen seine Liebe erkannt und schon eigene Pläne geschmiedet. Er führte den Kaufmann, der ihn nicht erkannte, in ein Turmzimmer und sperrte ihn nicht in den Kerker.

In der Zwischenzeit ließ sich Ritter Mangold das Mädchen vorführen, und er war sofort von ihr begeistert. Sie gefiel ihm außerordentlich, und er wollte sie auf der Stelle heiraten. Das Mädchen aber weinte und schrie nach dem Vater. Da faßte der Ritter bei sich den Plan, ihren Vater zu töten, dann, so meinte er, würde das schöne Mädchen froh sein, bei ihm bleiben zu können. So schickte er das Mädchen ins Nebenzimmer und rief nach Dietrich. Er erklärte diesem, daß er dem gefangenen Kaufmann eine Labung bringen wolle. Er ließ sich von seinem Haushofmeister zum Wandschrank führen und nahm ein Fläschchen heraus. Dietrich wußte sofort, was der Bösewicht vorhatte. Er führte den Ritter in den Kerker, schloß die Tür auf und stieß ihn hinein. Mit Krachen schlug er die schwere Eisengittertür zu und drehte den Schlüssel um. Schnell lief er dann zu dem verzweifelten Mädchen, das ihn auch sofort erkannte. Glücklich umarmten sich die beiden. Dann holten sie den Vater aus dem Turmzimmer und erklärten ihm, was vorgefallen war. Der alte Mann sah die beiden mit Tränen in den Augen an und sprach zu Dietrich: „Gott hat Euch auf wunderbare Weise wieder zusammengeführt, ihr sollt nun meinen Segen haben."

Die drei verließen, so schnell es nur möglich war, die Burg Freudenstein und wanderten zu Fuß nach Ottensheim. Siehe da, das Schiff war wieder zurückgekommen, man wollte den Kaufmann befreien und bittere Rache nehmen. Großer Jubel herrschte überall, als man den Handelsherrn und seine Tochter wohlbehalten daherkommen sah.

Der Ritter Mangold erhob sich mühsam unter Ächzen und Stöhnen vom Kerkerboden, auf den er gestürzt war. Verzweifelt rief er um Hilfe und rüttelte an den Gitterstäben. Es war totenstill auf Freudenstein, keiner war mehr da, alle waren davongelaufen. Jetzt war Mangold wirklich sein eigener Gefangener.

Da fiel dem Ritter ein, daß vor wenigen Tagen ein wandernder Mönch auf seine Burg gekommen war. Weil er ihm die Gastfreundschaft verwehrt hatte, stieß dieser einen schrecklichen Fluch aus: „Du sollst das Leid der Gefangenen am eigenen Leib bis zum Tod erleben", schrie er dem Ritter zu. Der aber lachte ihn nur aus. Jetzt war ihm nicht mehr zum Lachen zumute, er sah seine ausweglose Situation. Verhungern und verderben wollte er nicht in seinem eigenen Kerken. Er nahm das Fläschchen mit dem Gift, das er für den Kaufmann bestimmt hatte, und trank es aus.

Der Ritter Mangold hat Freudenstein keine Ehre gemacht. Die Burg verfiel, niemand mehr wollte ihn ihr wohnen. Aber Dietrich dachte noch oft an die Burg, denn er hatte in Freudenstein sein Glück wiedergefunden.

DER GEHEIMNISVOLLE BURGKELLER

Sie waren recht zufrieden in ihrem kleinen Häusl in Ottensheim an der Donau, Vater, Mutter und drei Kinder. Reich war der Schuster nicht, aber die Familie konnte er ernähren. Sie freuten sich alle ihres Lebens.

Doch eines Tages wurde die Frau krank. Sie lag mit hohem Fieber im Bett. Der Arzt kam, untersuchte sie und schüttelte ratlos den Kopf. Er konnte ihr nicht helfen. Mit jedem Tag wurde sie schwächer und verlor die Lebensfreude. Der Schuster war verzweifelt. Die Kinder weinten und jammerten, weil sie ihre geliebte Mutter so leiden sahen. Da erinnerte sich der Vater, daß ein altes Kräuterweiblein, das einst in Ottensheim lebte, von heilkräftigen Pflanzen erzählt hatte, die im Kürnbergerwald wuchsen.

Der Kürnbergerwald ist ein Höhenrücken, mit Laub- und Nadelbäumen bewachsen, der sich am rechten Donauufer von Wilhering nach Linz erstreckt. Auf diesem Granitfelsriegel stand einst die Burg der Herren von Kürnberg. Schon damals, als der Schuster von Ottensheim in den Kürnbergerwald ging, um Heilkräuter für seine kranke Frau zu suchen, war sie eine verfallene Ruine.

Traurig strich der Schuster durch den Wald. Er war nicht kräuterkundig, und so wußte er gar nichts anzufangen mit den Moosen und Farnen, die hier wuchsen. Da kam er zur Ruine. Vielleicht, so dachte er, gibt es hier die guten Kräuter für meine kranke Frau. So kletterte er zwischen den umgestürzten Mauerbrocken umher. Eidechsen huschten davon, und Dornenranken schlangen sich um seine Hosenbeine. Da bemerkte er plötzlich steinerne Stufen, die in ein tiefes Loch führten. Vorsichtig tastete er sich hinab, bis er vor einer mächtigen Eisentür ankam. Als er gegen den Türflügel drückte, gab dieser sofort nach, und er konnte in ein großes Kellergewölbe eindringen. Im spärlichen Licht der offenen Tür bemerkte er riesige Fässer, die entlang der Wände lagerten. An einem Faß war sogar ein Zapfhahn angebracht, da konnte man vielleicht etwas entnehmen.

„Das könnte ja jahrhundertealter Wein sein", dachte der Mann bei sich. Schade, daß er kein Gefäß bei sich hatte. Suchend blickte er um sich. In der Ecke stand ein bauchiger Tonkrug. Er holte ihn hervor und hielt ihn unter die Pipe am Faß und drehte diese auf. Da floß goldgelber, herrlich duftender Wein heraus. Er kostete und sofort fiel ihm seine kranke Frau ein: „Das wäre ja ein wundersames Kräftigungsmittel, das bringe ich meiner Frau nach Hause", beschloß er und ließ den ganzen Krug vollaufen.

Als er aber mit dem vollen Krug zur Kellertür hinauswollte, standen plötzlich drei dunkle Gestalten vor ihm. Sie waren in altmodische schwarze Gewänder gehüllt und starrten ihn mit zornfunkelnden Augen finster an. Stumm versperrten sie ihm den Weg. Der erschrockene Schuster stotterte: „Seid Ihr vielleicht die Kellermeister hier, habe ich Euren Wein genommen?" Die drei sprachen kein Wort, aber sie nickten heftig mit den Köpfen.

„Verzeiht mir, meine Herren, ich wollte Euch nicht bestehlen, ich habe nicht gedacht, daß es hier noch Besitzer gibt", stammelte der Mann. „Ich habe eine schwerkranke Frau zu Hause, kein Arzt und keine Medizin hat ihr bisher geholfen, so dachte ich, der Wein würde sie vielleicht wieder gesund machen." Da hellten sich plötzlich die finsteren Mienen der drei Kellermeister auf. Sie nickten freundlich, aber sie sagten noch immer kein Wort. Alle drei legten aber mit beschwörender Geste den Finger auf den Mund. Der

Schuster hat sofort verstanden: „Ja, ja, ich will keinem Menschen von diesem Keller erzählen. Ich werde schweigen!" versicherte er. Da nickten die drei Männer, und im selben Augenblick waren sie wie vom Erdboden verschluckt verschwunden.

Da eilte der Mann, so schnell er konnte, zurück nach Wilhering, ließ sich von einem Fährmann über die Donau nach Ottensheim bringen. Daheim angelangt, gab er seiner Frau sofort ein Gläschen Wein zu trinken. Siehe da, der wirkte wirklich wunderbar. Mit jedem Glas, das die Frau in den nächsten Tagen trank, wurde sie kräftiger und lebendiger. Als der Krug leer war, ging der Schuster zurück in den geheimnisvollen Burgkeller und füllte ihn dort aufs Neue. Diesmal begegnet er den drei dunklen Gestalten nicht.

Bald konnte seine Frau das Bett verlassen, sie war wieder gesund und fröhlich. Der Schuster holte noch einmal den großen Krug voll Wein aus der Ruine, und dann lud er seine Nachbarn und Freunde ein, damit sie mit ihm die Gesundung seiner Frau feiern sollten. Den Gästen schmeckte der Wein ungeheuer. Sie wollten wissen, woher denn der Schuster diesen edlen Tropfen habe. Der erinnerte sich aber sehr wohl an die drei finsteren Gestalten, die ihm mit einem Zeichen Schweigen geboten hatten, und er sagte nichts. Als das Fest schon einige Stunden dauerte, wurde der glückliche Familienvater, der dem Wein ein wenig zuviel zusprach, betrunken. Da vergaß er, was er den drei Kellermeistern versprochen hatte, und als die Gäste nicht aufhörten, ihn zu fragen, woher denn der Wein käme, erzählte er sein Erlebnis.

Die ganze Schar der Gäste begann zu lachen und zu spotten. „Was hast du dir da für ein Märchen ausgedacht, so einen Keller gibt es nicht. Davon müßten wir auch wissen!" schrien sie alle durcheinander. Sicher, jeder der Bürger war schon einmal bei der Ruine der Burg Kürnberg, aber keiner hat so etwas je entdeckt. Man schrieb diese Erzählung vorerst dem Rausch des Schusters zu. Es wurde im Ort aber trotzdem darüber geredet, und schließlich erfuhren die Ratsherren von Ottensheim davon. Sie dachten, der Schuster wäre ein Dieb, er hätte den Wein gestohlen und wolle mit dieser erfundenen Geschichte die Leute irreführen. Sie ließen ihn gefangennehmen und sperrten ihn ein.

Weil der Schuster aber immer wieder beteuerte, die Wahrheit gesprochen zu haben, gab man ihm schließlich eine Chance. Er mußte, begleitet von zwei Ratsherren, zur Ruine gehen, um dort aus dem Keller einen Krug Wein zu holen. Insgeheim bereute der Schuster seine Geschwätzigkeit sehr. Er sah aber keinen anderen Ausweg, um aus dem Kerker wieder entlassen zu werden. So stieg er mit den beiden Ratsherren zur Ruine hinauf. Sie fanden die steinerne Stiege zwischen den Mauerresten und stiegen hinab. Auch die eiserne Tür ließ sich leicht öffnen. Doch plötzlich fuhr ihnen aus dem Keller ein so heftiger Windstoß entgegen, daß er sie umwarf. Wie vom Blitz getroffen stürzten alle drei Männer zu Boden. Als sie wieder zur Besinnung kamen, lagen sie selber wie Steinbrocken mit schmerzenden Gliedern zwischen den Mauern der Ruine. Von der Stiege und vom Keller war nichts mehr zu sehen. Mit schlotternden Knien machten sie sich eilends auf den Heimweg. Mit noch schreckensbleichen Gesichtern berichteten sie zu Hause dem Bürgerrat ihr Erlebnis. Da glaubte man die unheimliche Geschichte und ließ den Schuster frei.

Viele Leute sind in den Jahren nachher noch zur Ruine Kürnberg hinaufgepilgert, um den Keller mit dem lebensrettenden Wein zu suchen. Niemand hat ihn gefunden.

DIE STRAFE GOTTES

Die Fischer, die an der Donau lebten, waren nie reiche Leute. Doch wenn sie Abnehmer für ihren Fang hatten, konnten sie ganz gut von dem, was der Strom ihnen schenkte, leben.

So war es auch vor vielen hundert Jahren bei den Fischern von Wallsee. Was sie aus der Donau fischten, trugen sie zur nahen Burg und zu den großen Bauern in der Umgebung, dort kaufte man ihnen die Fische ab.

Doch als das wilde Kriegsvolk der Hunnen in unser Land eindrang, zerstörte es die Burg und alle großen Höfe. Die Hunnen raubten, was sie fanden, vernichteten die Häuser und töteten viele Menschen. Es waren nur mehr wenige Fischer, die sich retten konnten. Sie bauten ihre Hütten am Ufer des Stromes wieder auf. Doch es war niemand mehr da, dem sie ihre Fische verkaufen konnten. Aus dieser Not heraus begannen sie, den Schiffen aufzulauern, die an ihrem Ort vorüberfuhren. Gab es Sturm, Unwetter und hohen Wellengang, befanden sich gerade hier, in dieser Gegend, die Schiffe in großer Gefahr, denn der Strom machte hier einen Bogen um einen großen Felsen, der vom Ufer ins Wasser ragte. So manches Schiff strandete hier bei hohem Wellengang. Das war dann für die Fischer, die längst zu Raubgesindel geworden waren, ein guter Tag. Mit langen Stangen und Stricken, an denen Widerhaken befestigt waren, zogen sie die Schiffe ans Ufer und raubten sie aus. Auch das Treibgut, das der Fluß herbeibrachte, zogen sie so an Land.

Einmal führte der Strom besonders hohes Wasser. Lehmgelbe Fluten wälzten sich daher. Weit drang die Donau über die Ufer ins Land ein. Bis zur Kirche von Lorch kam das Wasser und überschwemmte auch das Heiligtum. Immer stärker wurde der Wasserdruck und immer wilder die Flut, sodaß die Mauern des alten

Kirchleins schließlich einstürzten. Der ganze kostbare Kirchenschmuck wurde weggerissen. Monstranzen, Kelche, Bilder und auch das kostbare Edelsteinkreuz vom Hochaltar verschwanden in den Fluten.

Dieser Unglückstag war natürlich für die Fischer von Wallsee ein Fest. Stück um Stück holten sie das kostbare Treibgut aus der Donau. Rasch schleppten sie alles in ihre Hütten und versteckten die Schätze.

Der alte Eberhard hatte besonderes Glück an diesem Tag. Er hatte schon einige vergoldete Kirchengeräte herausgefischt, als er auch noch das wunderbare, kostbare Edelsteinkreuz angelte.

Den alten Mann hatte sein schweres Leben hart und böse gemacht. Er war selbstsüchtig, nur auf seinen Vorteil bedacht, er haßte die Menschen, und er glaubte auch nicht an Gott. Aber er liebte aus ganzem Herzen seinen Sohn, der war sein ein und alles. Der Bursche sah ihm ähnlich, wie aus dem Gesicht geschnitten, und er war auch genauso wild, unbeherrscht und streitsüchtig wie sein Vater.

Eilig trugen die beiden ihren kostbaren Fang in die Hütte. Es fiel ihnen gar nicht ein, die Dinge zu verstecken, wie es die anderen Fischer taten. Ihre Hütte wurde von allen Leuten gemieden. Zu ihnen kam nie jemand auf Besuch. Sie bauten daher die Schätze auf dem Tisch auf und erfreuten sich täglich an ihnen.

Die Kirche von Lorch wurde von Mönchen betreut, die sich nun auf die Suche nach den verlorengegangenen Kirchenschätzen machten. Sie zogen donauabwärts und fragten überall nach dem Treibgut. Manch einer rückte aus Angst die Dinge, die er aus dem Wasser gefischt hatte, wieder heraus. Doch besonders lag den Klosterbrüdern das Edelsteinkreuz am Herzen. Sie wollten ja die Kirche wieder aufbauen und das Kreuz wieder über dem Hochaltar aufrichten.

Eines Abends geschah es nun, daß ein Mönch die Hütte des Fischers Eberhard betrat. Ein freudiger Schreck durchfuhr ihn, als er das Kreuz inmitten anderer Schätze auf dem Tisch liegen sah. Der alte Mann erschrak, als er den Priester bemerkte, aber gleich faßte er sich wieder und schrie ihn an: „Was willst du hier, schau, daß du weiterkommst, ein Mann wie du hat hier nichts zu suchen!" „Das stimmt", antwortete der Mönch. „Ich habe jetzt nichts mehr zu suchen, weil ich unser Kreuz bei dir nun gefunden habe." Der Alte wurde zornig: „Das ist mein Kreuz, das alles gehört mir. Ich habe es selber aus den gefährlichen Hochwasserfluten gefischt. Ich denke nicht daran, etwas herzugeben!"

Geduldig erklärte ihm der Mönch, daß er die Pflicht hätte, das Kreuz zurückzugeben, denn wenn er es widerrechtlich behielte, könnte ihn die Strafe Gottes heimsuchen. Damit ließ sich der Fischer nicht einschüchtern. „Diesen Gott, der es zuläßt, daß ein Hochwasser seine Kirche niederreißt, den soll ich fürchten? Oh, nein, es gibt ihn nicht, diesen Gott. Ich glaube nur an meine eigene Kraft und an die Stärke meines Sohnes!"

„Versündige dich nicht", versuchte der Priester den alten Eberhard zu beschwichtigen, „Gott besitzt alle Macht auf Erden, auch du bist in seiner Hand." „Ich kann tun, was ich will, und niemand wird mich daran hindern!" schrie der Alte zurück. Dann rief er seinen Sohn herbei und verlangte von ihm, das Kreuz auf die kleine Insel mitten im Strom zu bringen. „Dort ist es vor den Betbrüdern sicher, die es wieder haben wollen", höhnte er. Der Bursche, gewohnt dem Vater aufs Wort zu folgen, nahm das Kreuz an sich und ging wortlos zur Tür hinaus. Es war schon finstere Nacht geworden. Der Mönch sah den alten Fischer strafend an: „Auch wenn du nicht an Gott glaubst, sein Zorn wird dich trotzdem erreichen. Er wird dich bald bestrafen, denk daran!" Das waren die Worte des Priesters, ehe er die Hütte verließ. Der Sohn des Fischers sprang mittlerweile in sein Boot, um das Kreuz auf die Insel hinüberzurudern. Kräftige Ruderschläge brachten ihn stromaufwärts. Als er aber die Insel erreichte, erhob sich ein heftiger Sturm, und der Himmel öffnete seine Schleusen. Ein Wolkenbruch prasselte hernieder. Die vorher sanften Wellen der Donau bäumten sich zu wilden Wogen auf. Sie prallten an die Insel, daß die Gischt aufspritzte, und schließlich stürzte das tobende Wasser über den kleinen Felsen.

Gnade dem Schiff, das bei solchem Wetter in Wallsee unterwegs war! Solch ein Wolkenbruch und solcher Wellengang waren ein Alarmzeichen für die raubgierigen Fischer von Wallsee. Sie rannten mit ihren Geräten an das Ufer des Stromes. Auch der alte Eberhard war unter ihnen. Der Sturm spritzte ihm ins Gesicht, aber er stand fest mit seinem Enterhaken am Ufer und wartete auf Beute. Da sah er auch schon einen dunklen Ballen herantreiben. Er schwang die Stange mit dem Widerhaken, und schon hatte er die Beute geangelt. Als er das Bündel aber ans Ufer ziehen wollte, erhellte ein Blitz die dunkle Nacht. Eberhard sah, daß er seinen toten Sohn am Haken hatte. Wilder Schmerz durchfuhr ihn, die Kräfte verließen ihn, und die Stange zog ihn vom Ufer in die reißenden Fluten. Vater und Sohn verschwanden für immer in der Donau.

DER LIEBESTRANK

Es gibt viele gefährliche Stellen an der Donau für die Schiffahrt. Erst in unserer Zeit konnte man sie durch Strombaumaßnahmen entschärfen. Die wohl gefürchtetste Stelle war aber der Strudel bei Grein. Die Gegend heißt hier auch Strudengau. Der Landesteil wurde nach den gefährlichen Wasserwirbeln des Donaustromes benannt.

Am Beginn des Strudengaues liegt die Stadt Grein an der Donau. Die wunderschöne Stadt mit dem mächtigen Schloß hat im Laufe der Jahrhunderte gute und schlechte Zeiten gesehen. Viele Geschichten und Sagen aus diesen Zeiten sind uns überliefert, eine rührende Liebesgeschichte ist auch dabei.

In der Stadt Grein lebte und arbeitete ein junger Schuster. Er beherrschte sein Handwerk ausgezeichnet, und die Leute waren mit seiner Arbeit sehr zufrieden. Es ging ihm daher nicht schlecht, er hatte sein gutes Auskommen und lebte fröhlich in den Tag hinein. Eines Tages aber kam die schöne Tochter eines Ratsherrn in sein Geschäft, um ein paar Schuhe zu bestellen. Von diesem Tag an war es um ihn geschehen. Er verliebte sich unsterblich in dieses Mädchen. Auf der Stelle wollte er sie heiraten. Als er ihr das aber kundtat, war das Mädchen sehr beleidigt. Ein Schuster und eine Ratsherren-Tochter, nein, für sie war der nicht gut genug.

Es gab reiche und vornehme Männer, die sich um sie bewarben, und da war sicher der richtige Bräutigam dabei. Der Schuster sollte sich auf der Stelle das Mädchen aus dem Kopf schlagen.

Das brachte der junge Mann aber nicht zusammen. Tag und Nacht dachte er an seine Liebe. Es mußte doch ein Mittel geben, das bewirkte, daß auch in dem Mädchen die Zuneigung wuchs.

Er wußte, daß im Wald ein altes Weib wohnte, der die Leute nichts Gutes nachsagten. Sie mischte allerhand Kräuter und braute so manches geheimnisvolle Elixier. Man munkelte, daß sie eine Hexe wäre. Der Bursche machte sich auf den Weg zu ihrer Hütte und fragte an, ob sie nicht für ihn einen Wundertrank brauen könnte. „Ja, wo fehlt es dir denn? Was für eine Art Zaubertrank brauchst du denn?" kicherte die Alte. Der junge Mann wurde rot im Gesicht, stotterte ein wenig herum und sagte dann geradeheraus: „Ich brauche einen Liebestrank." „Ach, ein Liebestrank ist aber besonders teuer", feixte die Hexe, „die Kräuter dafür sind schwer zu finden, und die anderen Zutaten kosten eine Stange Geld." „Wenn der Trank nur hilft, kann er kosten, was er will", entgegnete der Schuster. „Ich werde Tag und Nacht arbeiten, um ihn Euch bezahlen zu können."

Die Hexe rieb sich zufrieden die Hände: „Das ist eine Rede, komm morgen abend wieder her, bring dein Geld mit, und du sollst bekommen, was du dir so sehr wünschest."

Die Alte hielt Wort. Am nächsten Abend war der Liebestrank fertig. Der Schuster bezahlte und trug ein Fläschchen mit einer glasklaren Flüssigkeit nach Hause. Er arbeitete mit Feuereifer an den Schuhen, die sein heißgeliebtes Mädchen bei ihm bestellt hatte. Die Arbeit machte ihm große Freude, und er wartete mit Sehnsucht auf den Tag, an dem das Mädchen die Schuhe abholen wollte. Es war ein heißer Sommernachmittag, an dem die Ratsherren-Tochter kam, um ihre wunderschönen, zierlichen Schuhe abzuholen.

Sie schien dem Schuster gar nicht mehr böse zu sein, weil er so vermessen gewesen war und ihr einen Heiratsantrag gemacht hatte. Fröhlich probierte sie die neuen Schuhe und ersuchte dann um ein Glas Wasser, weil sie vom Gang durch die Hitze des Tages durstig

geworden war. Jetzt war die Gelegenheit für den verliebten jungen Mann gekommen, die Kraft des Liebestrankes auszuprobieren. Er eilte hinaus zum Brunnen, füllte ein Glas zur Hälfte mit Wasser und leerte schnell den klaren Inhalt des Fläschchens dazu. Das Mädchen trank das Glas durstig aus. Sie merkte aber, daß das Wasser etwas anders schmeckte. „Was war denn da drinnen in diesem Wasser?" fragte sie. „Nichts", beteuerte der Schuster. „Ich habe es aus meinem Hausbrunnen geholt. Es ist gutes Quellwasser." Kaum war das Mädchen aber mit seinen neuen Schuhen zu Hause, wurde ihm schlecht. Der Kopf schmerzte, und die Glieder taten weh. Die Tochter des Ratsherrn mußte ins Bett, und der Arzt wußte nicht, was ihr fehlte. Das Mädchen meinte, daß vielleicht das Wasser, das so komisch geschmeckt hatte, die Schuld an ihrem Zustand habe. Der Arzt verschrieb ihr allerlei Medizin, ging aber dann doch zum Schuster, um das Wasser im Brunnen auszuprobieren. Als der Schuster von ihm hörte, daß das Mädchen so krank geworden war, erschrak er fürchterlich. Er erzählte, was er angerichtet hatte. Sofort ließ der Ratsherr beide, den Schuster und die Alte aus dem Wald, ins Gefängnis werfen. Die Hexe starb schon nach einigen Tagen. Dem jungen Mann aber wurde der Prozeß gemacht, und der Richter verurteilte ihn zum Tode.

Die Tochter des Ratsherrn war aber in der Zwischenzeit wieder ganz gesund geworden. Sie fühlte Mitleid mit dem jungen Mann. Er wollte doch nur ihre Liebe gewinnen, und durch ihr abweisendes Verhalten war er so verzweifelt, daß er zu diesem Mittel gegriffen hatte. Er wollte ja nichts Schlechtes tun. So ging das Mädchen zum Richter und bat um Gnade für den Schuster.

Der Gerichtsherr, der auf der Burg Werfenstein saß, dachte lange nach, welchen Ausweg er finden könne.

„Nun", so meinte er dann, „wollen wir Gott ein Urteil sprechen lassen, ob der Bursche schuldig ist oder nicht." Er verfügte, daß der Schuster auf der hohen Felsenzacke, die über dem wilden Donaustrudel aufragt, ein Paar Schuhe machen sollte. Gelänge ihm das, würde er frei sein.

Am Tag des Gottesurteils versammelten sich die Bewohner der ganzen Stadt am Ufer der Donau. Dieses Ereignis wollte keiner versäumen. Die Frauen hatten Tränen in den Augen, weil ihnen der junge Mann so leid tat, und auch die Männer starrten angstvoll zur Felsenspitze hinauf.

Bald erblickte man den Schuster mit seinem Rucksack am Rücken, wie er die steile Wand emporkletterte. Jeder unrichtige Handgriff, jeder falsche Tritt konnte seinen Tod bedeuten. Aber er kletterte ruhig und zügig höher und höher, bis zur Spitze hinauf. Die gaffende Menge seufzte erleichtert auf, als er sich in schwindelnder Höhe wie auf einem Sattel niederließ. Doch die Spannung und die Gefahr war noch nicht vorüber. Der Schuster begann zu arbeiten. Leder, Leisten, Hammer und Nagel nahm er aus seinem Rucksack. Vor ihm stürzte die steile Felswand in die brodelnde und tosende Wassertiefe. Er ließ sich aber nicht aus der Ruhe bringen, klopfte und hämmerte darauf los. Stunden um Stunden verstrichen. Als die Sonne wie ein roter Ball über dem Strom unterging, war sein Werk vollbracht. Vorsichtig kletterte er die Felswand wieder hinunter.

Jubel brauste auf, die Leute freuten sich, lachten und tanzten am Ufer der Donau, weil das Gottesurteil so gut ausgegangen war. Der Schuster war frei!

Die Tochter des Ratsherrn aber begriff plötzlich, daß der junge Mann aus Liebe zu ihr sein Leben riskiert hatte. Sie fiel ihm um den Hals und versprach ihm weinend, seine Frau zu werden. Jetzt wußte sie, daß keiner der vornehmen und reichen Herren sie hätte mehr lieben können als der Schuster.

Den Felsen aber, auf dem der Schuster unter drohender Todesgefahr ein Paar Schuhe machte, nannte man von da ab „Schusterstein". Und so heißt dieses Denkmal einer großen Liebe noch bis zum heutigen Tag.

DAS WÖRTHER-KREUZ

Gleich unterhalb der Stadt Grein kommt die Stromenge des Strudels bei der Insel Wörth. Es ist dies eine große Insel mit einem Felsenkopf, die hier die Donau teilt.

Auf der rechten Seite konnten die Schiffe nicht durchfahren. In diesem sogenannten Höß-Gang war das Wasser nicht tief genug. In die schmale Fahrrinne zwischen der Insel und dem linken Ufer ragten spitze Riffe und scharfe Klippen. Hier mußte ein Schiffer sich gut auskennen, um sein Schiff unversehrt durchsteuern zu können. Gleich nachdem die Felsenzacken Gefahr und Unruhe ins Wasser brachten, kam der gefährliche Wirbel. Die durch die Insel Wörth geteilten Wasser trafen wieder zusammen, prallten aber sofort auf den Haustein, einen zweiten Felsen inmitten des Stromes. Durch den Rückstoß entstanden kreisende Wirbel im Wasser, denen die Schiffe ausweichen mußten, um nicht gegen den Felsen geschleudert zu werden.

Alle Donauschiffer fürchteten diese Durchfahrt des Schwalls oder des Strudels, wie man die gefährliche Enge nannte. Handelsherren und Kaufleute, die mit ihrer Fracht unterwegs waren, machten daher meist in Grein Station, um Gebete und Opfer darzubringen. Fast keiner versäumte es, in Grein einen ortskundigen Lotsen, einen erfahrenen Donauschiffer, an Bord zu nehmen, damit dieser mit all seinem Können half, das Schiff durch die Gefahrenzone zu bringen.

Von so manchem Unglück in diesem tosenden Strudel wissen wir noch. Von einem Ereignis kennen wir sogar die Jahreszahl.

Es war im Jahre 1540, da fuhr ein Graf aus Tirol mit seiner Frau auf der Donau Richtung Wien. Es war eine Vergnügungsfahrt, und alle hatten gute Laune. Stromabwärts wurde den Ruderknechten nicht allzuviel abverlangt, sodaß sie fröhlich sangen und sich auch manchen schlechten Witz erzählten. Noch vor Einbruch der Nacht wollte man Wien erreichen, und dort erwartete die ganze Schiffsmannschaft ein ausgiebiger Landurlaub.

Der Steuermann strich mit großen Worten sein Können und seine Erfahrung in der Donauschiffahrt heraus. Er sei ein großer Meister, verkündete er allen. Er brauche keine Hilfe bei der Durchfahrt des Greiner Strudels. So hielt man es auch nicht für nötig, in Grein anzulegen und einen kundigen Lotsen an Bord zu nehmen. An ein Gebet oder gar an ein Opfer dachte schon gar niemand auf dem Schiff.

Die ersten Wirbel waren schon durchfahren, da kam die Insel Wörth in Sicht. Das Tosen und Rauschen des Flußes wurde stärker, das Schiff bekam mehr und mehr Fahrt. Der Steuermann hielt krampfhaft das Steuerruder fest und starrte auf die Stromenge. Die Ruderknechte waren ganz still geworden. Sie spürten, wie die Angst in ihnen emporkroch. Da erhielt der schwere Schiffsrumpf plötzlich einen Stoß. Es krachte und splitterte. Ein spitzes Felsenriff hatte sich in die Planken des Schiffes gebohrt. Das Schiff gehorchte dem Steuer nicht mehr, drehte sich um die eigene Achse und wurde gegen den nächsten Felsen geschleudert.

Krachen, Tosen, Schreien – die Trümmer des stolzen Schiffes drehten sich in den Wirbeln des Stromes.

Der treue Diener Anselm stürzte mit seinem Herrn in die Fluten. Er konnte aber schwimmen, und so gelang es ihm, den Grafen zu retten. Beide erreichten, an einen Mastbaum geklammert, die Insel Wörth. Doch von der Mannschaft, von der Gräfin war nichts mehr zu sehen. Der Strom riß in rasender Eile alles mit sich. Verzweifelt irrte der Graf mit seinem Diener rund um die Insel, schrie den Namen seiner Frau und spähte angestrengt in die Flut. Nachdem sie den höchsten Felsen der Insel

85

erstiegen hatten und auch von hier nichts von den Menschen und dem Schiff mehr sehen konnten, wußten sie, daß sie die einzigen Überlebenden waren.

Der Graf war vor Kummer halb verrückt. Er wollte nicht mehr weiterleben. Anselm versuchte ihn zu trösten und schwor, immer bei ihm zu bleiben. Da beschloß der Graf, diese Insel nicht mehr zu verlassen und hier als Einsiedler seine Lebensjahre zu verbringen. Im Gebüsch der Insel bauten sie zwischen alten Mauerresten eine primitive Hütte aus Zweigen und Laub. Der treue Diener sorgte für die notwendigste Nahrung. Er fing Fische, suchte Beeren und Kräuter. Doch der Graf brütete freudlos und traurig vor sich hin. Tage und Monate starrte er in die vorbeieilenden Wasser der Donau. Ja, es sind Jahre vergangen, die diese beiden Menschen auf der Insel verbrachten. Oft noch hatten sie ein Schiffsunglück mitangesehen.

Die Leute im Strudengau erzählten sich die Geschichte von dem Grafen und seinem Diener auf der Insel. Die Schiffsleute trugen die Geschichte weiter. Man sprach im ganzen Land über dieses Unglück. Sogar in Wien hörte man von dem Schiffbrüchigen, der aus Kummer über den Tod seiner Frau das Leben eines Einsiedlers auf der Insel führte.

Die Gräfin aber war nicht ertrunken. Sie wurde bei St. Nikola an Land gespült. Einige Schiffsknechte, die sich auch retten konnten, erzählten ihr, daß sie mit eigenen Augen gesehen hatten, wie der Graf ertrunken sei. Der große Kummer darüber hatte sie krank gemacht, lange lag sie mit schwerem Fieber in St. Nikola. Als sie sich aber wieder erholt hatte, reiste sie nach Wien und blieb in dieser Stadt.

Zwölf Jahre waren seit dem Schiffsunglück vergangen, als die Gräfin von diesem seltsamen Einsiedler und seinem treuen Diener auf der Insel Wörth erfuhr.

Sofort ließ sie sich zur Insel bringen. Ein Mann mit weißen Haaren und zerfurchtem Gesicht stand ihr gegenüber, aber beide erkannten sich sofort wieder und waren vorerst stumm vor Glück. Sie hatten einander wiedergefunden und reisten mit ihrem treuen Diener Anselm in die Heimat zurück.

Im selben Jahr noch ließen sie aus Dankbarkeit auf der Insel ein Denkmal errichten. Das steinerne Wörther-Kreuz ist ein Mahnmal der Liebe und Treue. Es trägt die Jahreszahl 1552.

DIE HILFREICHE NIXE

Dort, wo die Insel Wörth den Donaustrom teilt, lebte auf der einen Seite, die man den Hößgang nennt, ein junger Schiffer. Kilian brachte die Leute mit seinem Boot über den Strom. Es war hier nicht ungefährlich, und man mußte sich genau auskennen, um sicher von einem Ufer ans andere zu kommen.

Er wohnte mit seiner alten, kranken Mutter in einem windschiefen Haus am Ufer. Sein Vater war schon vor Jahren in den Wirbeln der Donau ums Leben gekommen, und so sorgte er seit seinen Kindertagen für die Mutter. Sein Verdienst reichte so recht und schlecht gerade aus, daß sie leben konnten.

An einem schönen Sommersonntag Nachmittag ließ sich eine Schar Bauernburschen von Kilian über den Strom bringen. Sie kamen von einem lustigen Fest und waren besonders gut gelaunt. Das heißt, sie hatten alle ein bißchen zuviel getrunken und waren wild und übermütig. Der Schiffer ließ sie gewähren, obwohl sie das Boot zum Schaukeln brachten und herumsprangen, sodaß es für ihn nicht leicht war, den Kurs zu halten.

Als sie bei der Insel Wörth vorüberfuhren, tauchte plötzlich in einer Bucht zwischen den Büschen eine Nixe auf. „Hallo", grölten die Burschen, „Wasserweiblein, zeig uns deine schuppigen Füße! Komm mit uns ins Dorfwirtshaus, dort bekommst du auch einmal Wein anstatt Wasser!" Die Nixe war vor Schreck unfähig unterzutauchen. Mit ängstlich aufgerissenen Augen starrte sie zum Boot herüber. Noch bevor die Burschen ihr weitere Frechheiten zurufen konnten, schrie Kilian sie an: „Maul halten, wer die Nixe noch mit einem einzigen Wort beleidigt, der kriegt es mit mir zu tun! Den häng' ich mit dem Kopf voran ins Wasser!"

Jetzt verstummten die Burschen sofort, den Fährmann

wollten sie nicht erzürnen, denn der war stark und kräftig, und außerdem hing ihr Leben von ihm ab. Sie kannten alle die Gefahren des Stromes. Da ließen sie ihre dummen Witze lieber bleiben. Die erschrockene Nixe verschwand in den Fluten. Kilian aber brachte seine Fahrgäste sicher an das andere Ufer. Es war nicht lustig, Betrunkene, die eine Gefahr nicht abschätzen konnten, über den Strom zu bringen. Aber jedermann, der ihn bezahlen konnte, hatte auch Anspruch auf seine Dienste.

Es waren sehr unruhige Zeiten damals in unserem Land. Das wilde Türkenheer war bis Wien gekommen und belagerte die Stadt. So manche versprengte Haufen kamen weiter herauf in unser Land. Sie zogen donauaufwärts, plünderten, mordeten und steckten die Häuser in Brand. Die Leute hatten große Angst. Kein Wunder, daß auch Kilian sehr erschrak, als es in einer dunklen, stürmischen Nacht an das Fenster seines Hauses klopfte. Doch im Schein seiner Laterne sah er eine vornehm gekleidete Frau mit drei Kindern. Angst und Schrecken stand ihnen ins Gesicht geschrieben. Sie waren auf der Flucht vor den Türken. Die Frau bat, der Schiffer möge sie über den Strom bringen, die wilden Türken verfolgten sie. Sie hatten ihr Schloß geplündert und in Brand gesteckt und alle ihre Leute getötet. Sie konnte mit ihren Kindern in letzter Minute durch einen unterirdischen Gang entkommen.

„Bitte, bring mich und meine Kinder über den Strom", flehte sie Kilian an. Der zögerte vorerst. Konnte er bei der drohenden Gefahr seine alte Mutter alleine lassen? Er mußte sich vorerst mit ihr beraten. Die alte Frau sagte sofort: „Sorg' dich nicht um mich, mich wird Gott beschützen, aber hilf den Verfolgten." Da brachte Kilian die Frau und ihre Kinder hinab zur Fähre und ließ sie einsteigen. Ein wilder Sturm fegte durch das Donautal, und kaum war die Fähre vom Ufer abgestoßen, löschte der Wind die Laterne. Der Schiffer spürte, wie die Strömung zog, und versuchte gegenzusteuern. Die Nacht war stockdunkel, und der Sturm heulte so stark, daß er das Rauschen des Strudels gar nicht vernehmen konnte. Die Kinder weinten vor Angst, und Kilian hatte plötzlich bemerkt, daß er jede Orientierung verloren hatte und ins Ungewisse trieb.

Da hörte er im Tosen des Windes einen Ruf: „Hierher, hierher!" Es war eine kräftige, eine laute, eine schallende Stimme. Kilian steuerte in diese Richtung. Noch zweimal erklang dieser Ruf, und dann stieß das Boot ans Ufer. Glücklich stieg die Frau mit ihren Kindern aus. Sie dankte dem Fährmann tausendmal und versprach ihm hohen Lohn, wenn sie wieder nach Hause zurückkehren könne.

Der Sturm tobte ärger als zuvor, und der Bursche überlegte, ob es nicht besser wäre, die Nacht hier an diesem Ufer zu verbringen. Doch er war in großer Sorge um die hilflose Mutter. So ruderte er das Boot wieder hinaus in den dunklen Strom. Der Regen peitschte ihm ins Gesicht, sein Boot drehte sich mehrmals, und er wußte nicht mehr, wohin er steuern sollte. Es war ihm, als stürme die wilde Jagd über seinen Kopf hinweg. Mutlosigkeit erfaßte ihn, und er ließ das Steuerruder sinken. Da stand auf einmal eine Gestalt im Boot. Sie strahlte helles Licht aus, und als sie das Ruder berührte, fuhr das Boot wie von einer fremden Kraft gezogen durch das Wasser. Kilian schaute wie gebannt auf die Erscheinung. Er konnte kein Wort sprechen, doch da war das Boot schon am Ufer gelandet. Die Nixe verschwand in den Wellen. Gerade als sie in die Fluten hinabsank, konnte der Schiffer noch erkennen, daß es die gleiche war, die er vor den Bauernburschen verteidigt hatte. Jetzt wußte er, daß sie ihm ihren Dank abgestattet und ihn heil über den Strom zurückgebracht hatte. So oft er auch in den nächsten Jahren mit seinem Boot über den Strom setzte, die Nixe hatte er nie mehr gesehen. Nach der Vertreibung der Türken kehrte die fremde, vornehme Frau zurück und brachte Kilian seinen schwerverdienten Lohn. Sie belohnte ihn so reichlich, daß er samt seiner Mutter von nun an ein sorgloses Leben führen konnte.

DER DONAUFÜRST

Wie es wohl aussieht, tief unten auf dem Grund der Donau? Niemand wußte das in früheren Zeiten. Aber in der Phantasie der Menschen, die am Strome lebten, sind viele Bilder entstanden. Gute und böse Wassergeister belebten die Fluten. Der Herrscher über sie alle war der Donaufürst.

Die Fischer und Schiffer wußten ganz genau, wie er aussah, und sie fürchteten ihn. In Vollmondnächten tauchte sein riesiges Haupt aus den Wellen auf. Giftgrüne Algen wuchsen auf seinem Schädel, Binsen sprossen in seinem Gesicht, tellergroße Fischaugen starrten böse, und das breite Maul öffnete sich groß wie ein Scheunentor. Seine Haut schimmerte wäßrig-blau, und die mächtigen Arme glichen bemoosten Baumstämmen. Ein furchterregendes Ungetüm war dieser Donaufürst.

Aber auf diesem häßlichen Kopf saß die schönste, kostbarste Krone, die man sich nur vorstellen konnte. Über und über mit Perlen und Muscheln und Edelsteinen verziert, funkelte und strahlte sie mit dem Mondschein um die Wette. Diese Krone war das Heiligtum des Donaufürsten, er nahm sie nie von seinem Haupt, auch dann nicht, wenn er sich in seinem Kristallschloß am Grund des Stromes zur Ruhe legte. Auch seine Nixentöchter durften der Krone nie zu nahe kommen. Einmal wollte seine Lieblingstochter nur mit dem Finger über die funkelnden Edelsteine streichen, da packte ihn ein so großer Zorn, daß er das Maul aufriß und ein scharfer Wasserstrahl herausschoß, der das Nixlein bis an die Wasseroberfläche katapultierte. Mit dem Donaufürsten war nicht zu spaßen, das wußten die Nixen seitdem. Aber er wollte doch, daß seine Töchter sich gut unterhielten. Deshalb holte er ihnen immer wieder Menschenkinder als Spielkameraden in das Schloß. Wen er einmal in die Tiefe gezogen hatte, der kam nie mehr zurück.

Kein Mensch war vor ihm sicher, außer er trug einen geweihten Gegenstand bei sich, denn dann war der Donaufürst machtlos. Die Menschen, die am Donauufer wohnten, wußten das, und so trugen sie immer, wenn sie zum Strom kamen, geweihte Rosenkränze, Kreuzzeichen, Heiligenbilder und andere gesegnete Dinge bei sich.

Der Fischer Tobias, der in der Nähe der Ruine Freyenstein am Ufer der Donau wohnte, kannte auch die Gefahr, die der Donaufürst für die Menschen am Strom bedeutete. Er hatte eine wunderschöne Tochter, die ihm das Liebste auf der Welt war. Sie hielt sein Haus in Ordnung, kochte und sorgte für den Vater. Ihre Freizeit aber verbrachte sie am liebsten bei der Donau. Da gab es ein Lieblingsplätzchen unter den herabhängenden Ästen eines Weidenbusches, ganz nahe am plätschernden Wasser, das sie jeden Tag aufsuchte. Immer hatte sie ihr Nähkörbchen dabei. Wenn sie aber mit den Flickarbeiten fertig war, träumte sie in den Tag hinein, pflückte dann und wann auch Blumen auf der nahen Wiese und band sie zu einem Kranz.

Der glatte Wasserspiegel zeigte ihr dann ihr hübsches Gesicht, vom Blumenschmuck umrahmt. Nie vergaß das Mädchen, das goldene Kreuzchen um den Hals zu binden, das sie von ihrem Vater bekommen hatte. Sie mußte ihm versprechen, es immer zu tragen, wenn sie zum Ufer der Donau ging.

Es war ein schöner Sommertag, als die Fischerstochter wieder an ihrem Plätzchen saß, einen Blumenkranz band und sich diesen ins Haar drückte. Der Wasserspiegel zeigte ihr das frische junge Gesicht, und sie lächelte ihrem Bild freundlich zu. Da bemerkte sie

plötzlich, daß sie kein Kreuz am Hals trug. Das Kettchen mußte abgerissen sein, sie hatte es bestimmt auf der Wiese verloren. Schnell wollte sie weglaufen, um es zu suchen.

Es war zu spät, das Wasser rauschte und aus der Tiefe schob sich das riesige Haupt des Donaufürsten empor. Gierig glänzten seine Augen, und er streckte seinen moosigen Arm nach dem Menschenkind aus. Das war diesmal ein besonders hübsches Spielzeug für seine Kinder. Das Mädchen stand wie gelähmt vor Schreck, sie konnte keinen Fuß mehr rühren, um wegzulaufen. Sie starrte auf die glänzende Krone und dann in die schrecklichen Augen des Donaufürsten, stieß noch einen verzweifelten Schrei aus, ehe sie der graugrüne Arm des Monsters in den Strom zog.

Ein alter Fischer, der in der Nähe seine Netze flickte, hatte den Schrei gehört. Als er aber zum Weidenbusch kam, sah er nur mehr den Blumenkranz auf dem Wasser schwimmen. Er rief immer und immer wieder den Namen des Mädchens, alles blieb still. Der Alte wußte jetzt, welches Unglück geschehen war. Er trug das Nähkörbchen zum Haus des Mädchens und erzählte den Nachbarn, was passiert war.

Als der Vater des Mädchens am Abend mit seinem Fang nach Hause kam, standen die Dorfleute vor seiner Hütte. Aufgeregt redeten sie durcheinander. Er wurde nicht recht klug aus ihrem Verhalten, erst der alte Fischer sagte ihm, daß der Donaufürst seine Tochter geholt habe. Da ging der Vater schweigend in seine Hütte, verriegelte die Tür, aß und trank nichts mehr und ging auch nicht mehr zur Arbeit. Sein Schmerz war übergroß, doch er sann auf Rache. Wie könnte er dem Donaufürsten seine Tochter entreißen? Nach einigen Tagen ging er am frühen Morgen zum Strom hinunter. Im Grase sah er etwas funkeln, es war das Kettchen mit dem goldenen Kreuz. Nun hatte er Gewißheit, daß sein Kind nie mehr zurückkehren würde. Trotzdem verließ ihn der Gedanke der Rache am Donaufürsten nicht.

Er wußte, daß der Donaufürst in mondhellen Nächten oft an die Oberfläche tauchte. War dann ein Fischer mit seinem Boot unterwegs, so fragte er diesen scheinheilig nach seinen Wünschen, er würde sie ihm erfüllen. Wenn ein Mensch aber dann einen Wunsch aussprach, packte er ihn und zog ihn in die Tiefe. „In meinem Schloß wirst du wunschlos glücklich sein", höhnte er dann.

So eine mondhelle Nacht wartete der Fischer ab. Mit leisen Ruderschlägen ließ er sein Boot auf den Strom hinausgleiten. Es dauerte nicht lange, und es begannen sich die Wasser zu kräuseln, die Wellen fingen an, in Wirbeln zu tanzen, und mit einer mächtigen Woge tauchte der Donaufürst auf. Seine Krone glänzte und blitzte im Mondlicht, aber seine Fischaugen starrten böse zum Boot herüber. Doch aus seinem Riesenmaul erklangen ganz sanfte Worte, als er sich dem Boot näherte. „Ich bin der Donaufürst, fürchte dich nicht, ich bin gekommen, um dir deine Wünsche zu erfüllen." Der Fischer schwieg und preßte die Lippen fest aufeinander, damit er nicht vor Schmerz herausschrie. „Oh", sagte das Ungeheuer, „ich sehe, du hast großen Kummer. Ich will dich davon erlösen." Und dabei schwamm er ganz nahe an das Boot heran. Da hob der Fischer mit einem kräftigen Ruck sein Ruder hoch und schlug es mit brutaler Gewalt dem Donaufürsten auf das Haupt. Splitternd und blitzend und krachend sprangen die Edelsteine aus der Krone des Fürsten in weitem Bogen auf die Wiese am Ufer. Mit gräßlichem Stöhnen sank der böse Geist in die Fluten zurück.

Unversehrt gelangte der Fischer ans Ufer, denn er hatte am Ruder das geweihte goldene Kreuzlein seiner Tochter befestigt, so konnte das Monster ihm nichts

Böses tun. Er hatte seine Rache am Donaufürsten genommen, trotzdem wich die Trauer um sein Kind nicht aus seinem Herzen.

Dem Donaufürsten aber ging es schlecht. Die Steine aus seiner Krone waren das Zaubermittel, das es ihm möglich machte, immer wieder in seinen Unterwasserpalast zurückzukehren. Nacht für Nacht irrte nun der Stromgeist am Ufer entlang und suchte die Edelsteine. Erst wenn er sie gefunden hätte, konnte er wieder zurück in sein Reich. Vier Steine waren verlorengegangen, und der Fürst hat sie nie mehr gefunden.

Aber seit dieser Zeit darf jeder Mensch, der in der Donau ertrinkt, vier Tage im Palast des Donaufürsten wohnen. Dort begegnet er dann der Tochter des Fischers und den Nixen. Sobald ein Mensch das Schloß betritt, bindet die Fischertochter einen Blumenkranz und schickt ihn an die Wasseroberfläche.

Dann wissen die Menschen: Es ist wieder einer von uns ertrunken.

DER SCHWARZE MÖNCH

Kein Wunder, daß sich um die gefährliche Strecke des Greiner Strudels so viele Sagen ranken. Viel Unglück ist hier geschehen, das man schließlich irgend jemandem in die Schuhe schieben mußte. Unterhalb der Insel Wörth ragte einst ein Felsen wie ein Haus aus der Donau.

Der „Hausstein" wurde schon längst gesprengt und stellt heute kein Hindernis und keine Gefahr mehr dar. Doch von den Schiffsleuten der früheren Zeiten war er gefürchtet. Noch dazu stand am Ufer auf hoher Felswand gegenüber dem Hausstein ein Turm. Teufelsturm nannten ihn die Leute, weil ein schrecklicher Geist darin hauste. Wann immer dieser schwarze Mönch erschien, mit langer, dunkler Kutte angetan und wallendem, kohlrabenschwarzem Bart, bedeutete das Unglück.

Die Schiffer mochten noch soviele Stoßgebete gegen den Himmel schicken und sich endlos bekreuzigen, wenn der schwarze Mönch hoch oben am Turmgiebel erschien, wußten sie, daß sie verloren waren.

Wann immer große Katastrophen drohten, wurden sie durch das Erscheinen des Geistes angekündigt. Krieg, Pest, Hungersnot, Hochwasser und Feuersbrunst, allem ging die Erscheinung des schwarzen Mönches voraus.

Im Jahre 1045 fuhr Kaiser Heinrich III. mit einem großen Schiff von Passau donauabwärts. Er wollte nach Ungarn, um dort bei König Arpad Frieden zu stiften. Mit dem Kaiser reiste auch sein Erzieher, der Gelehrte Bischof Bruno von Würzburg.

Eine lange Fahrt lag schon hinter ihnen, als das Schiff sich dem Städtchen Grein näherte. Erst in Persenbeug wollte man die Fahrt unterbrechen. Der Kaiser war dorthin von der Gräfin Richhilde eingeladen worden. Die Witwe wollte sich mit einer Bitte an den höchsten Reichsherrn wenden. Ihr verstorbener Gatte hatte seine

Besitzungen in Ybbs und Persenbeug dem Kloster Ebersberg vermacht. Die Gräfin wollte aber, daß sie ihr Neffe bekäme. Auch der Bischof wollte den Wunsch der Gräfin beim Kaiser unterstützen.

Kaiser Heinrich erfreute sich an der herrlichen Landschaft des Donautals und an den winkenden, jubelnden Menschen, die entlang des Stromes standen. „Ein herrliches Land ist dies", meinte der Kaiser, „nirgends gibt es ein schöneres Stromtal in meinem Reich." „Ja", entgegnete der Bischof, „aber die Menschen hier hatten viel zu leiden unter den Einfällen der Hunnen und Magyaren. Es wäre daher besser, wenn die Schlösser Ybbs und Persenbeug in der Hand eines tapferen Ritters wären und nicht in der von wehrlosen Klosterbrüdern." „Das stimmt ja", meinte der Kaiser, „doch möchte ich den letzten Willen meines verstorbenen Freundes respektieren. Ich werde aber über die Sache nachdenken."

Das Schiff glitt in schneller Fahrt an Grein vorüber, die Donauwasser rauschten und schäumten im Strudel. Die Wogen schlugen tosend an den Felsen der Insel Wörth. Die Schiffsmannschaft kämpfte mit aller Kraft gegen die Wirbel. Heil kam man an der Insel vorbei, und in schneller Fahrt flog das Schiff an Werfenstein vorüber. Da verdunkelte sich plötzlich der Himmel. Im zuckenden Licht der Blitze sah man den Teufelsturm. Auf den Zinnen des Turmes stand riesengroß der schwarze Mönch und hob drohend seine Arme.

„Gott steh uns bei, der schwarze Mönch, der schwarze Mönch!" schrien die Schiffsleute verzweifelt und bekreuzigten sich. Bischof Bruno wurde blaß. Er faßte den Arm des Kaisers und deutete zum Turm. „Seht Ihr den Mönch, den schwarzen Mönch?" Der Kaiser sah keinen schwarzen Mönch, nur Fichtenstämme und die grauen Steine des Bauwerks. „Er droht mir, er droht

mir", rief der Bischof und faßte sich ans Herz. Der Kaiser geleitete den Bischof lächelnd zu einem Sessel. Während das Schiff unter dem Teufelsturm vorbeifuhr, ließ das Unwetter nach. Der Himmel hellte sich auf. Nur der Bischof blieb in düsteres Schweigen versunken. In Persenbeug wurde der Kaiser mit Trompeten und Jubel empfangen. Die Gräfin Richhilde hieß den Kaiser mit all ihrem Gesinde willkommen. Im Rittersaal war ein prachtvolles Gastmahl vorbereitet. Herrliches Silbergeschirr und goldene Becher standen auf der langen Tafel. Dazwischen flackerte das Licht von Hunderten von Kerzen. Es wurde ein üppiges Festmahl geboten, und immer wieder brachte man dem Kaiser Lobsprüche dar. Schließlich erhob er sich selber, bedankte sich bei der Gräfin für den schönen Empfang und sagte: „Bischof Bruno hat mir schon gesagt, daß Ihr Eure Besitzungen lieber in der Hand Eures Neffen sehen würdet als im Besitz der Klosterbrüder. Ich will Eurem Wunsch entsprechen." Kaum hatte der Kaiser den Satz vollendet, schrie Bischof Bruno auf und zeigte voll Entsetzen zum Fenster: „Seht, seht, da ist er wieder, da ist er wieder, der schwarze Mönch!" Als die Gäste zum Fenster hinüberschauten, sahen sie draußen einen schwarzen Schatten vorüberfliegen. Dann wankte und krachte plötzlich der Boden des Saales unter ihren Füßen, und alle stürzten in die darunterliegende Stube. Wie durch ein Wunder waren die Gäste alle nur leicht verletzt, und der Kaiser trug nicht die geringste Verletzung davon. Nur einer war tot. Er hatte sich das Genick gebrochen. Es war Bischof Bruno von Würzburg. Oft noch war der schwarze Mönch den Menschen erschienen, um Unheil, Tod und Verderben anzukündigen. So hat sich, obwohl es den Teufelsturm schon nahezu 500 Jahre nicht mehr gibt, die Sage vom schwarzen Mönch bis auf den heutigen Tag erhalten.

DIE HUNDE VON KUENRING

Wenn über Raubritter berichtet wird, nennt man den Namen der Kuenringer auch heute noch mit Schaudern. Dieses Adelsgeschlecht kam im 11. Jahrhundert in das niederösterreichische Waldviertel. Sie kolonialisierten diesen Landesteil, gründeten Siedlungen und stifteten das Zisterzienserkloster Zwettl. Sie erbauten aber auch mächtige Burgen.

Die wehrhafteste unter ihnen war die Festung Aggstein unterhalb des Klosters Melk. Auf einem steil aufragenden Felsriegel thronte diese Burg hoch über der Donau. An der Ruine kann man noch sehen, welch gewaltiges Bauwerk hier stand und wie beherrschend seine Lage war. Macht und Einfluß war den Kuenringern nicht abzusprechen. Ihre Methoden waren aber nicht gerade fein, sie verschafften sich, was sie wollten, immer mit brutaler Gewalt.

Am schlimmsten trieben es die beiden Brüder Hadmar und Heinrich. Sie waren zu Beginn des 13. Jahrhunderts die gefürchtetsten Raubritter dieser Zeit. Sie waren stolz auf ihren schlechten Ruf, auf ihren wilden, verwegenen Mut und auf ihre gnadenlose Tyrannei. Die Brüder nannten sich selber „die Hunde von Kuenring".

Kaum ein Schiff, das auf der Donau stromabwärts fuhr, konnte ihnen entkommen. Hadmar zwang sie mit einer eisernen Kette, die er über den Strom spannen ließ, zum Anhalten. Heinrich entkam kein Wagen, der über die Landstraße fuhr. Mit dem Reichtum, den sie durch gnadenlose Plünderungen und Lösegelderpressungen anhäuften, stieg auch ihre Macht und ihr Übermut.

Schon lange wußte Herzog Friedrich II. vom Treiben dieser Brüder. Er wollte ihnen das räuberische Handwerk legen, aber bisher war es nicht gelungen, auch nur eine einzige ihrer zehn Burgen einzunehmen.

Ja, der Herzog wurde sogar selber ein Opfer ihrer Raubzüge, als er mit einem Schiff auf der Donau von Passau nach Wien fuhr. Hadmar kümmerte es auch nicht, daß der Bischof von Passau den Kirchenbann über ihn verhängte. Aggstein war ihm ein sicherer Hort, hier konnte ihm kein Herzog und kein Bischof etwas anhaben.

Im Jahre 1231 organisierten die beiden Brüder sogar einen Aufstand gegen Herzog Friedrich II., weil sie wußten, daß er ihnen wirklich nicht gut gesinnt war. Aber nach Jahren gelang es dem Herzog doch, die Burg Zwettl zu erobern. Beinahe wäre ihm Heinrich in die Hand gefallen, aber in letzter Minute konnte dieser flüchten. Auf Irrwegen gelangte der Kuenringer in den sicheren Hort von Aggstein zurück.

Der Herzog wußte, daß diese Festung Aggstein auch mit dem stärksten Kriegsheer nicht einzunehmen war, und so ließ er sich einen schlauen Plan einfallen. Sein Helfer bei dieser List war der reiche und einflußreiche Wiener Kaufmann Rüdiger. Viele wertvolle Schiffsladungen dieses Kaufmannes waren dem räuberischen Brüderpaar schon in die Hände gefallen. Und so wollte er sich zusammen mit dem Herzog an ihnen rächen.

Rüdiger reiste nach Regensburg und ließ dort wertvolle Waren auf sein großes Schiff bringen. Ballen, Kisten und Truhen waren weithin sichtbar auf dem Oberdeck gestapelt, unter Deck aber war eine große Schar herzoglicher Krieger versteckt. So fuhr man donauabwärts. Die Reise verlief vorerst ohne Zwischenfälle, auch den gefürchteten Greiner Strudel hatte man schon hinter sich gebracht, als in der Ferne auf hohem Felsgrat die Festung Aggstein sichtbar wurde.

Kraftvoll stieß der Türmer der Burg in sein Horn, als das schwerbeladene Schiff in seinem Blickfeld auftauchte. In Windeseile versammelten sich die Raubgesellen der Kuenringer am Ufer des Donauflusses. Die eiserne Kette wurde eilig gespannt, und so zwang man den Steuermann des Handelsschiffes anzulegen. Der Anführer der Knechte war überwältigt von der kostbaren Ladung und schickte sofort einen Boten auf die Burg, um Hadmar den guten Fang zu melden.

Bei diesem Glücksfall wollte der Ritter selber dabei sein, um das Ausladen der Kostbarkeiten zu kontrollieren. Schließlich war den Knechten auch nicht ganz zu trauen. Samt seinem Pferd sprang er auf das Schiff. Da stürmten die Krieger des Herzogs an Deck und stürzten sich auf den Kuenringer. Zugleich stieß das Schiff vom Ufer ab und trieb in die Mitte der Donau. Alle die treuen Knechte, die ihrem Herrn zur Hilfe eilen wollten, wurden getötet oder in die Flucht geschlagen. Die eiserne Sperrkette wurde von ein paar wagemutigen Kriegern aus der Verankerung gerissen und in der Donau versenkt.

Gefesselt brachte man den Raubritter nach Wien und warf ihn dort ins Gefängnis. Kurze Zeit später gelang es auch, die Burg Aggstein zu erstürmen. Dabei konnte man auch Heinrich gefangennehmen. Die Hunde von Kuenring waren nun in der Gewalt des Herzogs. Der Herzog konnte sich aber nicht entschließen, sie zu töten. Nach Jahren der Gefangenschaft schenkte er ihnen sogar die Freiheit. Natürlich mit der Auflage, daß sie allen Schaden, den sie angerichtet hatten, wieder gutmachen müßten.

Das war nun freilich nicht mehr möglich, denn die wilden Hunde von Kuenring waren im Gefängnis alt, grau und krank geworden. Auf ihren Schlössern saßen andere Besitzer. Zwar waren sie auch vom Stamm der Kuenringer, aber sie wollten nichts mehr mit den beiden zu tun haben. Hadmar war getrieben von dem einen Wunsch, vom Bischof die Lösung vom Kirchenbann zu

erflehen. Er machte sich auf den Weg, um donauaufwärts nach Passau zu pilgern. Er hat sein Ziel nicht
mehr erreicht. Irgendwo in einem kleinen Dorf ist er
gestorben. Von seinem Bruder Heinrich hat man auch
nichts mehr gehört, weder etwas Böses noch etwas
Gutes.

DER TODBRINGENDE ROSENGARTEN

Aggstein war zerstört, die wilden Kuenringer bezwun-
gen. Doch 200 Jahre später kam wieder einer, dem
dieser Platz so gefiel, daß er die Ruine wieder aufbauen
wollte. Es war der Ritter Georg Scheck vom Walde.
Dieser Mann sollte nach dem Willen von Herzog
Albrecht V. „das öde Haus" neu errichten und es mit
Leben erfüllen. Jörg Scheck hatte sich die Gunst des
Herzogs erschlichen, sodaß er von ihm auch zum
Lehensherrn über das Donautal eingesetzt wurde.
Genau das wolllte der gierige Bösewicht erreichen. Der
Kammermeister Georg Scheck vom Walde mißbrauchte
das herzogliche Amt auf schändlichste Weise, um
Reichtümer anzuhäufen. Er unterdrückte die Bauern,
erpreßte mit Strafen und Foltern den Zehent, verlangte
maßlose Steuern von den Bürgern und trat als
Raubritter in die Fußstapfen seiner Vorgänger, der
Kuenringer. Nun, wer glaubt, die Kuenringer wären an
Grausamkeit und Gier nicht mehr zu übertreffen
gewesen, der wurde von Georg Scheck eines anderen
belehrt. Obwohl man in der ganzen Gegend von den
Schandtaten der Hunde von Kuenring noch wußte,
erkannte man schnell, daß diese vom neuen Lehensherrn noch hätten lernen können.
Bald nannte man ihn landauf landab nur mehr den
„Schreckenwalder". Kaufleute und Reisende, die auf
seine Burg Aggstein geschleppt wurden, machten mit
den fürchterlichsten Foltermethoden Bekanntschaft,
wenn sie nicht sofort Lösegeld anbieten konnten. Er
hatte sich teuflische Methoden ausgedacht, bei denen
ihm die Bauweise der Festung entgegen kam. Die eine
Methode nannte der Raubritter spöttisch „die gute
Aussicht". Man hing den Gefangenen an einen Strick
über den Steilabfall hinaus. Hier ruderte dieser so lange

mit Armen und Beinen über dem drohenden Abgrund, bis seine Angehörigen das geforderte Lösegeld aufbrachten. Manch einer aber starb vor Angst und Schrecken an diesem Stricke hängend.

Die zweite Möglichkeit, die Gefangenen zu bestrafen, war auch nicht fein. Eine kleine eisenbeschlagene Tür führte aus der Burgmauer auf einen schmalen Felsvorsprung. Hier brachte man die ganz Verstockten, die Trotzigen hin, die behaupteten, kein einziges Goldstück als Lösegeld aufbringen zu können. Für sie gab es zwei Möglichkeiten, ihr Leben zu beenden: entweder in den Abgrund zu springen oder zu verhungern. Ein Abstieg über die senkrechte Steilwand war unmöglich. Jeder, der dies versuchte, stürzte in den Tod. Diesen Felsvorsprung an der Felswand nannte der Schreckenwalder seinen Rosengarten. Keiner, der diesen Rosengarten je betrat, ist von dort zurückgekehrt.

Eines Tages brachten die Knechte einen Gefangenen auf die Festung. Nach hartem Kampf waren die Begleiter dieses jungen Mannes erschlagen worden. Der Kaufmann, der groß und kräftig war, sah stolz über den kleinen, krummgewachsenen Schreckenwalder hinweg. Er beantwortete keine Frage und nannte auch seinen Namen nicht. Auch die eindringliche Schilderung, was man ihm alles antun werde, konnte ihn nicht bewegen, den Mund aufzumachen. Vor Zorn bebend befahl der Burgherr nun: „Das wird eine schöne Pflanze für meinen Rosengarten. Fesselt ihn und bringt ihn hin." Zwei Knechte stürzten sich eilfertig auf ihn, banden ihm mit Stricken die Arme auf den Rücken und stießen ihn in den Burghof hinaus.

Der Gefangene sah zu den Fenstern der Kapelle hinauf, so als wollte er ein Gebet sprechen. Er ließ seinen Blick über die Steinwand des Bergfrieds gleiten und prägte sich ganz genau die Situation ein. Er dachte, daß er viel-

leicht doch fliehen könne. Aus einem Fenster erhaschte er flüchtig den Anblick eines Burgfräuleins. Es schien ihm wie ein Wunder, daß so ein liebes Gesicht in diesem Räubernest zu finden war. Als man ihn aber dann durch die Pforte auf die Felsenklippe hinausbrachte, krampfte sich sein Herz in Angst und Schrecken zusammen. Vor ihm tat sich die grauenvolle Tiefe unter der glatten Felswand auf, hinter ihm stieg die Mauer der Burg glatt und fugenlos senkrecht empor. Jeder Versuch, hier zu entkommen, mußte den sicheren Tod bedeuten. Das wurde ihm jetzt klar, und er erinnerte sich an die Gerüchte, die man überall im Lande hört, vom schrecklichen Rosengarten des Ritter vom Schrecken-wald.

In der Nacht hörte der Kaufmann plötzlich ein leises Geräusch an der Pforte. Das Burgfräulein huschte herein, durchschnitt seine Fesseln und erzählte ihm mit fliegendem Atem ihre Geschichte. Sie war die Tochter des Burgherrn, der ihr aber keine Freiheit erlaubte und auch sie wie eine Gefangene hielt. „Nehmt Eure Stricke und versucht den Abstieg auf der Kapellenseite", flüsterte sie. „Aber, bitte, kommt zurück und befreit auch mich!" Schnell beschrieb sie ihm noch, wo die geheime Pforte lag, durch die man in die Burg eindringen konnte, und wie die überraschten Knechte zu überwältigen waren. So schnell wie es gekommen war, war das Mädchen auch verschwunden.

Als der aufsteigende Morgen ein bißchen Licht spendete, begann der Mann seine Fesseln aneinander zu knüpfen, er zerriß auch seine Kleidung, verlängerte damit den Strick und knüpfte ihn an eine winzige Fichte, die in einem Felsspalt wurzelte. Dann seilte er sich mit einem Stoßgebet über die Steilwand ab. Mit den nackten Zehen tastete er nach Querspalten und Unebenheiten, fand dort an einem Grasbüschel und da an einem Wurzelstock Halt. Seine Hände waren aufgerissen und bluteten, Arme, Beine und der nackte Oberkörper waren zerschunden. Doch der Strick reichte nicht bis ans Ende der steilen, schroffen Wand. Da faßte der Kaufmann seinen ganzen Mut zusammen und sprang in einen Haselbusch, der tief unter ihm seine Zweige ausbreitete. Krachend landete er im Geäst, rutschte weiter über scharfes Geröll und kugelte zuletzt kopfüber in den Wald hinein. Der steile Felskopf war überwunden. Nach einer langen, schwierigen Kletterpartie durch den Wald kam er zur Donau. Dort fand er Leute, die ihm weiterhalfen.

Als der Schreckenwalder am anderen Tag in seinem Rosengarten Nachschau hielt und keinen Gefangenen mehr fand, lachte er schallend auf und schickte seinem Opfer einen Fluch in den Abgrund nach. Er war sicher, daß sich der junge Mann über die Felswand gestürzt hatte.

Es vergingen nur ein paar Wochen, seit dem Kaufmann die Flucht aus dem Rosengarten gelungen war, da schickte Herzog Albrecht seine Truppen. Die eroberten zuerst die Festung Aggstein und nach und nach alle Burgen des Schreckenwalders. Der Herzog enthob seinen Günstling von seinen Ämtern und nahm ihm all sein Hab und Gut weg, das er sich durch seine räuberischen Taten angeeignet hatte. In Armut und als Bettler mußte der Schreckenwalder sein Leben beschließen.

Die Menschen im Donautal konnten wieder aufatmen. Bald wurde bekannt, daß es den herzoglichen Truppen nur deshalb möglich war, Aggstein zu erobern, weil sie ein junger Edelmann durch eine geheime Pforte in die Burg geführt hatte.

Daß dieser junge Edelmann dann die Tochter des Schreckenwalders geheiratet hat, ist das glückliche Ende der Sage.

DIE TEUFELSMAUER

Müde schleppten sich die Wallfahrer stromaufwärts. Den ganzen Tag waren sie schon betend und singend dahingezogen. Ein paar Frauen mit kleinen Kindern mußten schon zurückbleiben. Der Weg war zu beschwerlich. Die Leute wollten nach Maria Taferl um die Gnadenmutter zu bitten, ihnen in ihrem schweren Leben beizustehen.

Das Leben war nicht leicht in diesen Zeiten. Die Bauern mußten den Lehensherren hohe Abgaben leisten, die Schiffer mußten mit den Gefahren des Stromes fertigwerden, Mißernten gab es genug, Krankheit und Tod lauerten überall.

Durch die Wachau zogen immer wieder Prozessionen, und die Wallfahrerschiffe auf der Donau waren übervoll besetzt. Nicht nur Maria Taferl, auch Stift Melk war ihr Ziel, oder stromabwärts Stift Göttweig und Klosterneuburg.

Jeder Berufsstand hatte auch noch seinen besonderen Schutzpatron. Die Schiffsleute beteten zum heiligen Nikolaus und verehrten auch den heiligen Albin.

Im Kirchlein von St. Johann stand die Statue des heiligen Albin, er war ein besonderer Wundertäter. Das sprach sich auch bald im Land herum, und manche Leute waren richtig eifersüchtig auf die Bewohner von St. Johann, weil sie einen so großartigen Heiligen hatten. Ein paar Schiffsknechte faßten eines Tages den Entschluß, diesen Heiligen zu stehlen. Das war eine gewaltige Arbeit, denn die Statue war aus Stein. Aber die jungen Burschen verfügten über Bärenkräfte und brachten den Heiligen auf das Schiff, mit dem sie stromaufwärts fuhren. Die Leute von St. Johann hatten von dem Diebstahl nichts bemerkt.

Weil es schon dämmrig war, wollten die Diebe die

113

Nacht in St. Nikola verbringen. Die Einfahrt in den gefürchteten Strudel war bei Tag leichter zu bewältigen. Natürlich wollten sie ihr gelungenes Werk auch feiern. Im Wirtshaus schütteten sie das Bier nur so in sich hinein und spotteten über die dummen Leute von St. Johann, die gar nicht mitbekommen hatten, daß sie ihren Heiligen entführt hatten. Die halbe Nacht lachten sie über ihren Streich, bis sie müde und betrunken in die Betten fielen.

Am nächsten Morgen brachten sie die Pferde zum Schiff. Stromaufwärts wurden die Schiffe von schweren Rössern gezogen. Da erlebten die Schiffsknechte aber eine böse Überraschung. Der Heilige war verschwunden. Wie konnte das nur geschehen sein? Er war doch im Schiffsrumpf wohlverwahrt. Außerdem brauchte man mindestens zehn starke Männer, um ihn auszuheben. Doch so sehr sie auch herumrätselten, der heilige Albin war und blieb verschwunden.

Es vergingen einige Monate, da fuhr dieselbe Schiffsmannschaft von Wien stromaufwärts durch die Wachau. Sechs schwere Gäule zogen das Schiff. Doch plötzlich blieben sie wie von unsichtbarer Hand angehalten stehen. Kein Zuruf, kein Hieb mit der Peitsche, kein Fluch konnte sie in Bewegung bringen. Wütend spannten die Knechte die Pferde aus und besorgten sich drei andere Paare. Doch auch die taten keinen Schritt. Sie blieben vor der Kirche stehen und bewegten sich überhaupt nicht. Das ganze Dorf war schon zusammengelaufen und sah zu, wie die Knechte die Gäule mißhandelten. Da kam der Pfarrer und gab ihnen den guten Rat, doch die Hilfe ihres Schutzpatrons zu erflehen. So mußten die Knechte nun wohl oder übel das Kirchlein betreten, aus dem sie die Statue gestohlen hatten.

Wie vom Blitz getroffen standen sie da, der heilige Albin stand auf seinem alten Platz, so als wäre er nie fortgewesen. Niemand im ganzen Dorf, auch nicht der Pfarrer und der Mesner, hatte bemerkt, daß die Statue gestohlen worden war. Da ergriff die Schiffsleute große Angst. Sie fielen vor dem Heiligen auf die Knie und baten inbrünstig um seine Hilfe.

Als sie wieder aufs Schiff zurückkehrten, genügte ein Schnalzer mit der Peitsche, und die Gespanne legten sich in die Zügel. Sie waren alle froh, daß ihnen der Heilige nichts nachgetragen hatte, und erzählten überall im Land von den Wundertaten des heiligen Albin. Betend und singend zogen sie zur Kirche.

Das mißfiel aber dem Teufel gewaltig. Er hatte sich hinter einem Felsblock niedergelassen, und sein Zorn über die frommen Lieder und die Heiligenbilder auf den Fahnen wuchs von Tag zu Tag. Seine Laune wurde nicht besser, da der Heilige immer wieder Wundertaten vollbrachte. Wo sollte er denn noch eine schwarze Seele finden, mit der er zur Hölle fahren konnte, wenn die Leute gar so fromm wurden? Hier mußte etwas geschehen, darüber war sich der Teufel im klaren. Er brütete also tagelang über einem teuflischen Plan. Natürlich ist ihm etwas eingefallen. Er wollte einen Steindamm quer über die Donau bauen, sodaß sich die Wasser stauen sollten, Felder und Häuser überschwemmt würden, die Kirche von der drängenden Flut weggerissen würde und all die frommen Wallfahrer ertrinken müßten.

Der Plan war perfekt, und wenn dieses Ärgernis aus der Welt geschafft war, konnte er in Ruhe hier hausen. Es galt nur noch ein kleines Hindernis zu überwinden, damit er seinen Plan verwirklichen konnte. Aber dafür kam dem Teufel der Zufall zu Hilfe.

Der Zufall wollte es nämlich, daß dem Teufel der Bauer Schlögl über den Weg lief. Das Bäuerlein ging recht betrübt zwischen seinen Feldern spazieren. In diesem

Jahr wurde das Land von einer furchtbaren Mäuseplage heimgesucht. Die kleinen grauen Nager unterwühlten Äcker, Wiesen und Gärten, fraßen das Getreide, drangen in die Keller und Stallungen ein und hatten keine Scheu mehr vor den Menschen. Wie selbstverständlich hüpften sie in der Küche auf die Anrichte und machten sich sogar über das Brot in der Tischlade her. Man konnte in keinen Schuh schlüpfen, ohne daß man den Fuß nicht gleich wieder schreiend zurückzog, weil eine Maus hier Wohnung genommen hatte, und so manche Bäuerin fand in ihrem Nähkörbchen ein Mäusenest mit blinden, nackten Jungen. Die Männer hatten dann ihre liebe Not, die schreienden Frauen wieder zu beruhigen. Frech tanzten die Mäuse um die Mäusefallen herum und huschten den Leuten nachts sogar über die Bettdecke. Man wußte sich einfach nicht mehr zu helfen.

Da es auch schon sehr lange nicht mehr geregnet hatte, sah man schon eine Mißernte für diesen Sommer voraus, die Bauern befürchteten einen Hungerwinter. Der Pfarrer lud alle für Sonntag zu einer großen Bittprozession nach St. Johann ein. Man würde den heiligen Albin mit Bitten und Gebeten bestürmen, sodaß er wieder ein Wunder vollbringen sollte.

Auch der Bauer Schlögl nahm sich vor, bei der Bittprozession mitzugehen. Doch seine Äcker sahen furchtbar aus. Die Erde war trocken und aufgerissen und von Mäuselöchern durchsiebt. Da stand er nun mit seiner Pfeife in der Hand und dachte, daß heuer sicher der Teufel seine Hand im Spiel hätte. Plötzlich hörte er Schritte hinter sich. Als er sich umdrehte, sah er einen alten Mann.

Doch der Bauer bemerkte, daß dieser Mann nicht seinesgleichen war. Er stank fürchterlich nach Schwefel, und den einen Fuß versteckte er sorgfältig hinter dem anderen. So einfältig Schlögl auch war, jetzt wußte er, das war der Teufel. Er zitterte und schwitzte vor Angst, als er dieses Ungeheuer vor sich sah. Doch der redete sehr freundlich zu ihm: „Siehst du nicht auch, lieber Schlögl, daß es hier nicht mit rechten Dingen zugeht? Das muß doch anders werden. Die Ernte ist sonst ganz ruiniert. Willst du mir helfen, euch vor der Mäuseplage und der Dürre zu retten?" Der Bauer schluckte ein paarmal heftig und brachte kein Wort heraus. Doch der schwarze Geselle nickte ihm so freundlich zu, daß er schließlich doch stotterte: „Ihr wollt also meine Seele, gnädiger Herr?" „Aber nein", rief der Teufel vergnügt, „die will ich auf gar keinen Fall. Du sollst mir nur einen kleinen Gefallen tun, und ich will dich dafür reichlich belohnen. Schau, ich mag die Mäuse auch nicht. Mich freut es auch nicht, wenn ihr deshalb wieder eine Prozession zur Kirche macht und hier betet und singt und jammert. Ich will dir erklären, was ich vorhabe. Ich möchte eine Mauer über die Donau bauen, dann wird das Wasser steigen, und die Mäuse werden in ihren Löchern ersaufen. Eure trockenen Felder bekommen endlich Wasser, das Getreide und das Gras kann wieder wachsen. Ihr werdet eine gute Ernte haben. Kennst du dich aus, verstehst du das?"

Oh, da ging ein Leuchten über das Gesicht des Bauern, das kapierte er sofort. Das war ein ganz guter Plan, den der Teufel da hatte. Nur, was er damit zu tun hätte, das war ihm noch nicht klar. Doch der Teufel konnte ihm auch das leicht erklären.

„Weißt du, lieber Schlögl, ich kann keinen Hahn krähen hören. Meine ganze Arbeit, die ich in der Nacht vollbringe, wird vernichtet, wenn am Morgen die Hähne krähen. Dieses verflixte Federvieh macht es mir unmöglich, euch zu helfen. Damit ich nun den Damm bauen kann, der die Mäuse austränkt und eure Felder bewässert, darf kein einziger Hahn im Dorf krähen. Du mußt alle Hähne beseitigen. Nur das ist deine Aufgabe. Willst du das machen?"

Der Bauer dachte nach. Allzu Schweres wurde da nicht von ihm verlangt. Noch dazu meinte der Teufel, daß er den Bauern die Hähne abkaufen könne; ihnen dann den Hals umzudrehen, war ein leichtes. Da hielt ihm der Schwarze dann noch einen großen Beutel hin. Die Augen blieben dem Bauern stecken, der Sack war voll mit Goldstücken. „Da wird auch noch gehörig etwas für dich übrigbleiben", sagte der Teufel. „Dann ist auch deine Not für immer zu Ende. Du mußt aber deine Aufgabe gleich erfüllen, denn ich will schon in der übernächsten Nacht meine Arbeit tun. Ja, und Bauer, vergiß nicht, du mußt den Mund halten. Erzähle niemandem von meinem Plan. Wenn sie dich fragen, warum du so viele Hähne kaufen willst, dann erzähl ihnen, daß dich der Ritter von Spitz schickt. Der Ritter ißt für sein Leben gern Hahnensuppe, und deshalb bezahlt er auch so gut für diese Viecher."

Bedächtig nickte der Bauer vor sich hin. Das würde er schon zusammenbringen. Als er wieder aufschaute, war der Teufel schon verschwunden. Aber der Sack mit den Geldstücken lag vor ihm auf dem Boden. „Ha, euer letztes Stünderl hat geschlagen!" rief er den Mäusen zu, die ihm über den Weg liefen. Dann pfiff er ein Lied und eilte nach Hause.

In aller Früh machte er sich am nächsten Tag an die Arbeit. Die Goldstücke hatte er in die Hosensäcke gesteckt, und mit einigen großen Kartoffelsäcken ausgerüstet, ging er von Bauernhaus zu Bauernhaus und versuchte den Hahn des Hauses zu kaufen. Die Bäuerinnen waren zuerst empört. Denn sie wollten den Hahn nicht so ohne weiters hergeben. Die Hühner brauchten ihn, und ein Hahn, der des Morgens kräht, gehört doch auf jeden Hof. Wenn der Bauer Schlögl aber die Geschichte vom Ritter Spitz erzähite und das Goldstück blitzen ließ, überlegten es sich die Frauen schnell anders. Der Hahn wurde gefangen, man drehte ihm den Hals um und er verschwand im Sack des Bauern.

Schwer schleppte er mit seinen vollen Säcken, als er nach Hause zurückkehrte. Doch Geld hatte er noch immer in den Hosensäcken. Der Teufel hatte nicht zuviel versprochen. Der Überschuß, den er mitbrachte, zahlte sich aus.

So einfältig der Bauer Schlögl war, so klug war seine Frau. Sie hatte längst bemerkt, daß ihr Mann einen sehr seltsamen Ausflug gemacht hatte. Sie inspizierte die Säcke und sah die vielen stolzen Hähne drinnen. Das kann doch nichts Vernünftiges sein, was der Mann da tat, das war der Bäuerin sofort klar. Sie stellte ihn zur Rede. Vorerst wollte er ihr auch die Geschichte vom Ritter Spitz auftischen, der so gerne die Hahnensuppe aß. Aber bei seiner Frau konnte er damit nicht landen, die glaubte ihm das Märchen nicht. Sie trieb ihn mit ihren Fragen so in die Enge, daß er schließlich Farbe bekennen mußte. Er erzählte ihr von dem wunderbaren Plan des Teufels, daß er den Menschen hier helfen werde, mit den Mäusen und der Trockenheit fertigzuwerden. Er zeigte ihr auch noch das Geld, das er sich bei dieser Sache verdient hatte.

„Da siehst du, liebe Frau, daß sich der Teufel einen gescheiten Mann ausgesucht hat, um den Menschen hier zu helfen." „Oje, den Allerdümmsten hat er erwischt!" rief die Frau aber aus. „Ja, glaubst du denn wirklich, daß der Teufel sich um das Wohl der Menschen sorgt? Der geht nie auf Mäusefang, sondern immer nur auf Menschenfang. Uns will er etwas antun, uns allen, die wir hier wohnen und besonders all denen, die zur Kirche gehen und auf die Hilfe des heiligen Albin vertrauen. Er war es ja auch sicher, der uns die Mäuse geschickt hat. Nicht die Mäuse, sondern uns will er ertränken. Kannst du denn das nicht verstehen?" Der Schlögl stierte blöd vor sich hin. Auf diese Vorhaltungen fiel ihm keine Antwort ein. Leider war halt seine Bäuerin um so vieles klüger als er, und bei der Religion kannte sie sich ohnehin besser aus. Und darum wußte sie auch gleich einen Ausweg.

„Du bist ja Gott sei Dank so dumm gewesen, daß du unseren eigenen Hahn vergessen hast." Der Bauer wollte gleich aufspringen, hinausstürzen und den Hahn umbringen, doch seine Frau hielt ihn zurück. „Hör zu, unser Hahn, der wird uns retten. Wir stecken ihn in einen Sack, und du gehst hinunter zur Donau. Dort kannst du ja dann auch sehen, wie hoch diese Mauer wird, ob sie wirklich nur die Mäuse ertränkt und die Felder bewässert oder ob wir alle bedroht sind. Wenn dann der Morgen kommt, machst du den Sack auf, sodaß der Hahn krähen kann."

Da begannen dem Bauern die Knie zu schlottern. Er wollte nicht zur Baustelle des Teufels gehen, er hatte Angst. „Da schau, du fürchtest dich ja, wie du zitterst. Ich mach das lieber selber. Bleib du nur schön zu Hause."

Der Bauer war darüber sehr froh, denn er fürchtete den Teufel, und vor seiner Frau hatte er auch ein bißchen Angst. Die Bäuerin lief in den Stall, packte den schlafenden Hahn und steckte ihn in den Sack. Eiligen Schrittes machte sie sich auf den Weg zum Fluß.

Die Nacht war ruhig und still, die Mäuse huschten über den Weg, und bald sah sie das Wasser schimmern. Hinter einem Busch suchte sie sich ein geschütztes Plätzchen. Da hörte sie schon sonderbare Geräusche. Am jenseitigen Ufer stieg schon eine mächtige Felsmauer aus dem Wasser. Die Mauer hatte schon die Höhe eines Berges. Da wußte sie, wie recht sie mit ihrem Mißtrauen hatte. Argwöhnisch beobachtete sie die Baustelle. Riesige Steinblöcke rollten herbei, und in der Mitte des Stromes ragten schon kleine Inseln empor. Eine unsichtbare Hand schien alles zu dirigieren. Der Felsen wuchs und wuchs in den Himmel empor. Der Teufel arbeitete hier gründlich. Wenn man dem nicht ins Handwerk pfuschen konnte, dann war's um alle Menschen hier im Tal geschehen. Das konnte sie schon sehen.

Da bemerkte die Bäuerin, daß sich im Osten der nahende Tag schon mit einem hellen Streifen am Horizont ankündigte. Jetzt mußte gehandelt werden. Sie knüpfte die Schnur des Sackes auf und ließ den Hahn herausspazieren. Der schüttelte sein Gefieder, reckte die Flügel und flog auf den nächsten Baum. Dort duckte er sich ein paarmal, reckte dann seinen Hals hoch und stieß seinen Weckruf „Kikeriki" in den Morgen.

Kaum war dieser Hahnenschrei verklungen, begann es zu rumoren, und ein gewaltiges Dröhnen ließ die Erde zittern. Die hohe Mauer stürzte in den Strom, daß die Gischt haushoch spritzte. Das zweite „Kikeriki" des Hahns aber endete mit einem Kreischen, und er stürzte vom Ast des Baumes. Die Bäuerin sah, daß ein roter Pfeil in seiner Brust steckte. Den Pfeil hat der Teufel in wildem Zorn abgesandt, aber er war doch zu spät gekommen. Die Bäuerin lachte schallend auf und lief nach Hause. Das Poltern der stürzenden Steinmauer ging über in Donnergrollen. Blitze zuckten plötzlich, und dann brach ein Morgengewitter nieder. Der langersehnte Regen stürzte auf das Land. Es regnete zehn Tage, und alle Mäuse ertranken in ihren Löchern.

Am linken Donauufer, gegenüber St. Johann, sieht man heute noch einen hochaufragenden Felsgrat, das ist der

Rest der Teufelsmauer, und auf dem Kirchturm von St. Johann steht ein eiserner Hahn mit einem Pfeil in der Brust und erinnert an den Zorn des Teufels.

Daß die Teufelsmauer nicht gebaut werden konnte, war das größte Wunder, das der heilige Albin in St. Johann mit Hilfe der klugen Bäuerin vollbracht hat.

DER TREUE SÄNGER BLONDEL

Wenn der Donaufluß von Weinbergen eingesäumt dahinströmt, ist man in der Wachau. Links und rechts am Donauufer wachsen die Weinstöcke, aus denen der berühmte Wachauer Wein gepreßt wird. Vielen bekannten Ortsnamen begegnet man hier. Einer davon ist Dürnstein.

Das Städtchen drückt seine Häuser an die Flanke des Burgberges. Eine wehrhafte Burg stand vor vielen Jahrhunderten auf der Höhe dieses Felsens. Sie gehörte den Kuenringern. Doch bereits seit dem 16. Jahrhundert ist sie zur Ruine verfallen. Nur mehr wenige Steinmauern erinnern an diese Festung, aber immer noch ist sie in den Sagen und Erzählungen lebendig.

Im 12. Jahrhundert hielt man hier den englischen König Richard Löwenherz gefangen, und von diesem Ereignis erzählt die Sage von seinem treuen Diener Blondel.

Gegen Ende des 12. Jahrhunderts fand der dritte Kreuzzug statt. Viele Könige und Herrscher rüsteten ihre Kriegsheere, um das heilige Land von den Ungläubigen zu befreien. Kaiser Friedrich Rotbart zog mit einem großen Heer ins Morgenland. Zu diesem Kreuzfahrerzug gehörten auch der Herzog Leopold von Österreich, der englische König Richard Löwenherz und König Phillipp von Frankreich mit ihren Mannen.

Als Kaiser Barbarossa, wie man Friedrich auch nannte, im Fluß Saleph ertrank, konnten sich Leopold und Richard nicht einigen, wer nun das Kreuzfahrerheer führen sollte. So zogen sie zerstritten und aufeinander böse ins Heilige Land. In der Festung Akkon hatte sich das arabische Kriegsheer verschanzt, und es kam hier zu einer großen Schlacht. Herzog Leopold von Österreich kämpfte mitten unter seinen Kriegern. Als der Fahnenträger tot zusammenbrach, nahm er das

Fahnentuch an sich, wickelte es um seinen Körper und schwang sein Schwert weiter gegen die heran-stürmenden Feinde. Er war der erste auf der Festung und pflanzte die österreichische Fahne dort auf.

Das ärgerte Richard Löwenherz maßlos, und in seinem Zorn riß er die österreichische Fahne herunter und trat sie mit den Füßen in den Schmutz.

Das verletzte Leopold tief, und er schwor sich, diese Schmähung durch den englischen König zu rächen. Im Kreuzfahrerheer brach bald nach dieser siegreichen Schlacht eine böse Seuche aus, sodaß die einzelnen Fürsten mit ihren Kriegsheeren nach und nach den Kreuzzug abbrachen und wieder nach Hause zogen. Die Schiffe, auf denen die Engländer heimkehren wollten, kamen aber im Mittelmeer in einen gewaltigen Sturm. Das Schiff, auf dem sich der König befand, wurde abgetrieben, und nach langem Kampf der Mannschaft zerschellte es an der Küste Italiens. Alleine, ohne Gefährten, fand sich Richard in seiner Pilger-kleidung, aber wenigstens lebendig am Strand bei Aquileja.

So zog der König nun allein zu Fuß nach Norden. Er wußte, daß ihm in den österreichischen Landen Gefahr drohte, und so benutzte er einsame Wege und mied die großen Ortschaften. Geld hatte er bei sich, um sich Essen zu kaufen und auch um Nachtquartiere bezahlen zu können. Löwenherz wollte nach Böhmen, denn dort hoffte er auf Hilfe. Solange noch die milden Herbsttage im Lande herrschten, war die Reise nicht allzu beschwerlich. Aber Monat um Monat verging, und der König war noch immer nicht am Ziel. Der Winter kam, Wege und Straßen waren verschneit, und dem König ging langsam das Geld aus. Nur mehr ein paar englische Münzen hatte er in seinen Taschen. Hungernd und frierend kam er so eines Tages an den Stadtrand von

Wien. In Erdberg, einem kleinen Dorf, mischte er sich unter die Leute. Aus ihren Gesprächen konnte er erfahren, daß man von seinem Unglück schon wußte. Herzog Leopold war schon nach Hause gekommen und hatte bereits den Auftrag gegeben, nach dem Engländer zu suchen. Er dachte sich ja, daß sein Weg ihn über Österreich führen mußte.

Nachdem Richard Löwenherz dies gehört hatte, beschloß er, auf gar keinen Fall in die Hauptstadt Wien hineinzugehen. Zahlen konnte er ja auch nicht mehr, denn die englischen Münzen würden ihn bestimmt verraten. So zog er sich die Kapuze seines braunen Pilgergewandes tief ins Gesicht, betrat die Wirtsstube und bat um etwas zu essen. Der Wirt hatte keine Freude mit solchen Bettlern, und unwirsch sagte er:

„Könnt Ihr zahlen? Ohne Geld gibt es bei mir nichts zu essen!" Der König schüttelte den Kopf. „Nun gut", meinte der Wirt, „Ihr könnt ja schließlich etwas arbeiten und Euch das Essen verdienen. Geht in die Küche und dreht dort den Bratspieß." Löwenherz tat sofort, was man ihm angeschafft hatte. Er faßte die Kurbel und drehte den Bratspieß sorgfältig und gleichmäßig über dem Feuer. Der Duft der Brathühner stieg im dabei in die Nase. Der Wirt aber war ein mißtrauischer Mann. Immer wieder kam er in die Küche und beobachtete verstohlen den Fremdling im Pilgerkleid mit dem wilden Bart.

Plötzlich bemerkte er, daß an der Hand des vermeintlichen Bettlers ein kostbarer Ring aufblitzte. So ein Schmuckstück besaß nur ein Edelmann. Das unbehagliche Gefühl, das der Wirt sofort beim Anblick dieses Mannes gehabt hatte, verstärkte sich. Er erinnerte sich auch plötzlich an die Erzählungen der Leute, daß sich Richard Löwenherz im Land befände und ihn die Mannen des Herzogs überall suchten. Jetzt galt es, rasch zu handeln. Der Wirt trat vor seine Haustür, und gerade in dem Moment sprengten zwei herzögliche Reiter daher. Er hielt sie auf und erzählte ihnen von dem seltsamen Gast in seiner Küche. Die beiden Reiter stiegen sofort von ihren Pferden und stürmten in die Küche. Da wußte Richard Löwenherz, daß er entdeckt war. Als ihn einer der Reiter fragte: „Seid Ihr der König von England?", da antwortete Richard geradeheraus: „Ja, der bin ich!" So wurde der König von England gefangengenommen und nach Wien gebracht.

Herzog Leopold wollte aber seinen Todfeind nicht bei sich in der Hofburg wissen. Er ließ den Engländer heimlich in der Nacht zur Burg Dürnstein in die Wachau bringen. Dort vertraute er ihn der Obhut Hadmars von Kuenring an. Richard Löwenherz wurde im Kerker der Burg eingesperrt. Tage und Wochen, ja, Monate vergingen. Nachdem der König nicht nach Hause zurückkehrte, forschte man von England aus nach seinem Verbleib. Da man nichts in Erfahrung bringen konnte, mußte man annehmen, daß der König beim Schiffbruch im Adriatischen Meer ums Leben gekommen wäre. Nach einer angemessenen Staatstrauer huldigte man seinem Bruder Johann und machte ihn zum neuen König. Nach und nach vergaß man Richard Löwenherz und alle seine guten Taten.

Aber einen Mann gab es in England, der Richard Löwenherz nicht vergessen konnte und der auch an seinen Tod nicht glauben wollte, es war sein treuer Diener Blondel. Immer wieder fragte er bei den heimkehrenden Kreuzfahrern, ob sie nicht etwas vom König gehört hätten. So kam ihm eines Tages das Gerücht zu Ohren, daß Richard lebe, aber auf einer Burg in Deutschland gefangen gehalten werde.

Auf der Stelle machte sich Blondel auf, um seinen Herrn zu suchen. Eine lange Wanderschaft begann. Im Tal des

Rheins standen viele wehrhafte Burgen. Blondel zog von Burg zu Burg, und überall, wo er das Verlies vermutete, stellte er sich an die Mauer, spielte seine Laute und sang. Er hatte oft mit dem König zusammen gesungen. Bevor der König ins Heilige Land gezogen war, hatten sie oft und oft ihr Lieblingslied miteinander wiederholt. Fast war es wie ein Treueschwur, den sie sich leisteten. Der Diener mischte sich überall unter die Kriegsknechte und das fahrende Volk, stellte Fragen und achtete auf jedes Gerücht. Alle Burgen am Rhein hatte er schon abgesucht. Nirgends war ihm ein Zeichen gegeben worden. Er hoffte ja, daß der König sein Lied hören könne und ihm eine Antwort senden würde. Müde, aber unverdrossen, zog er weiter und kam so auch ins Donautal. Wie Adlernester hockten hier die Burgen über dem Fluß. Steil und mühsam war der Weg zu diesen wehrhaften Festungen. Überall sang Blondel sein Lied, doch nirgends ward im eine Antwort oder ein Zeichen gegeben.

Schon recht verzweifelt und beinahe am Ende seiner Kräfte kam er auch nach Dürnstein. Er hatte keinen Blick für die Schönheit dieser Landschaft, er schleppte sich den steilen steinigen Weg zur Kuenringer Burg hinauf. Fast automatisch griff er in die Saiten seiner Laute und stimmte sein Lied an. Enttäuscht wie so oft schon, wollte er sich wieder zum Gehen wenden, als aus der kleinen, vergitterten Turmluke eine Stimme wie ein fernes Echo klang. Das Herz des Sängers fing heftig zu klopfen an, das war die zweite Strophe des Liedes, das war die Stimme seines Herrn! Er lebte also, endlich hatte er ihn gefunden!

Rasch und unbemerkt entfernte sich Blondel. So schnell wie nur möglich, nahm er den Weg nach England zurück. Dort berichtete er von seinem Erlebnis und erreichte auch, daß man dem Herzog Leopold von

Österreich ein hohes Lösegeld bot, damit er König Richard Löwenherz freiließ.

Er konnte in sein Land zurückkehren. Es waren ihm allerdings nicht mehr viele Jahre der Herrschaft vergönnt. Doch diese seine letzten Lebensjahre war sein treuer Diener Blondel, der ihn aus der schrecklichen Gefangenschaft befreit hatte, immer an seiner Seite.

Die grauen Mauern der Ruine Dürnstein erzählen noch heute von diesem treuen Diener.

DER BÖSE SCHWUR

Gleich nach der Wachau durchfließt die Donau das Tullner Becken, eine breite, fruchtbare Au. Nicht weit weg von der Stadt Tulln drängen die Berge des Wienerwaldes wieder an das Ufer der Donau. Dort steht auf der Anhöhe die Burg Greifenstein. Weit reckt sich der kantige Bergfried in den Himmel. Wuchtig und beherrschend thront die Festung über dem Land. Jahrhunderte sind vergangen, seit der Ritter Reinhard hier lebte.

Der Graf war kein freundlicher Mann. Verschlossen und mürrisch begegnete er allen Menschen um ihn. Er war hart zu sich selber, aber oft auch ungerecht zu den anderen. Seine schöne Frau war in jungen Jahren verstorben, und so blieb er mit seiner kleinen Tochter Eveline auf der Burg zurück. Der wilde Graf liebte das kleine Mädchen sehr und wollte ihm die beste Erziehung geben. Er selber taugte dafür nicht, er vertraute seine Tochter dem alten Burgkaplan Emmerich an. Der Kaplan war weise und gütig, er ließ dem Kind den besten Unterricht angedeihen. Später war er dem jungen Mädchen ein verständnisvoller Freund und Berater.

Eveline wuchs zu einem sehr schönen, lebensfrohen Mädchen heran. Sie war der Sonnenschein auf der Burg, ihr Lachen kollerte durch die düsteren Säle, ihre freundlichen Worte munterten das Gesinde immer wieder auf. Das Leben auf der Burg wurde durch dieses Mädchen erträglicher. Allerdings ging auch sie dem immer mißgelaunten Vater lieber aus dem Weg.

So gerne sie die Lernstunden beim Kaplan hatte, am liebsten war es ihr doch, durch Wald und Wiesen zu reiten, dem Gesang der Vögel zuzuhören und dem Rauschen des Windes in den Wipfeln der Bäume zu

lauschen. Reiten und mit dem Falken jagen, das mußte ein Edelfräulein in dieser Zeit auch lernen. Sie hatte dafür einen guten Lehrmeister, es war der Edelknappe Rudolf. Mit ihm verbrachte sie viele schöne Stunden draußen in der Natur.

Die beiden jungen Menschen waren ein schönes Paar, und die Leute, die auf den Feldern arbeiteten, sandten ihnen bewundernde Blicke nach, wenn sie von der Burg zur Donau herabritten. Rudolf aber faßte eine heftige Zuneigung zu seiner Herrin. Diese Liebe war für einen Edelknappen in jener Zeit aussichtslos. Aber Eveline hatte so viele schöne Erlebnisse mit ihm geteilt, daß sie seine Zuneigung erwiderte. Sie vertraute ihrem Freund, dem Burgkaplan, das Geheimnis ihrer Liebe an. Natürlich wußten beide, daß der Graf eine Verbindung seiner Tochter mit dem Edelknappen nie dulden würde. Man war sich auch darüber klar, daß Rudolf in höchster Gefahr schwebte, wenn der Vater von dieser heimlichen Zuneigung erfahren würde. Eveline und Rudolf beschlossen nun, ihr Schicksal selber in die Hand zu nehmen und gemeinsam von der Burg zu fliehen. Das Mädchen weihte den Kaplan in den Plan ein und bat ihn so flehentlich, daß er sie vorher noch mit Rudolf trauen solle, daß sich dieser schweren Herzens dazu überreden ließ.

Als der Graf eines Tages von der Jagd in die Burg zurückkehrte, erfuhr er, daß seine Tochter mit dem Edelknappen geflohen sei. Wut, Zorn und Verzweiflung brachen aus ihm wie ein schweres Gewitter heraus. Seine Flüche hagelten auf die Köpfe der Dienerschaft nieder. Dann aber packte er den Kaplan grob an den Schultern. „Euch habe ich meine Tochter anvertraut, Ihr habt versagt, Ihr habt mein Kind nicht ordentlich behütet!" Der alte Kaplan zitterte unter dem harten Zugriff des Grafen und wollte ihn beruhigen. Doch der schrie außer sich: „Ihr werdet für Eure Nachlässigkeit büßen, solange ich lebe, sollt Ihr das Tageslicht nicht mehr sehen – erst mein Tod soll Euch erlösen, das schwöre ich Euch!" Mit einer Handbewegung wies er die Knechte an, den alten Priester in das Turmverlies zu werfen. Zugleich sandte er alle seine Leute aus, um die Umgebung nach den Flüchtigen abzusuchen. Tagelang versuchte man, eine Spur zu finden, aber die beiden blieben verschwunden.

Das Leben auf der Burg war jetzt noch freudloser und schrecklicher geworden. Eveline und ihr Lachen fehlte allen, Rudolf vermißte man auch. In der Burgkapelle wurden keine heiligen Messen mehr gelesen, die Dienerschaft weinte um den Kaplan, der im Kerker schmachten mußte. Furcht und Schrecken breiteten sich im ganzen Hause aus. Der Burgherr schaute nur mehr finster und böse drein. Nicht einmal die Jagd machte ihm noch Freude. Wenn er Gäste einlud, so zechte er mit ihnen die ganze Nacht hindurch, trank übermäßig, und wenn er dann betrunken war, fürchteten sich alle noch viel mehr vor seinen Zornesausbrüchen.

Stundenlang konnte der Burgherr im obersten Turmzimmer sitzen und in das Land hinausstarren, als wollte er die Verlorenen suchen. Der Zorn war noch immer sehr mächtig in ihm, aber es gab auch Stunden, wo er mit sich selber ins Gericht ging und erkannte, daß er zu hart gewesen war gegen seine Tochter und er sie vielleicht ins Unglück getrieben hatte.

Die Zeit der Herbstjagd ging vorüber, und der Winter kam ins Land. Schnee lag auf den Wiesen und Feldern, und die Bäume im Wald ächzten unter der weißen Last. Da kam eine Gruppe Bauern auf die Burg und meldete, daß in den Wäldern ein Bär sein Unwesen treibe. Er käme nachts bis zu den Häusern der Bauern und gefährde Mensch und Tier. Da machte sich der Graf mit

seinen Jägern und Knechten und einer starken Hunde-
meute sofort auf, um diesen gefährlichen Räuber zu
erlegen. Stundenlang waren sie schon geritten, über
vereiste Hänge, gefrorene Bäche, hinein in die tiefen
Bergtäler. Nirgends war eine Spur von Meister Petz zu
finden. Da ließ Graf Reinhard seine Leute anhalten und
schickte Späher aus, die sich nach Spuren umsehen
sollten. Nach und nach kamen sie alle wieder zurück
und hatten kein Zeichen des Bären gefunden. Zu
allerletzt aber stürzte noch ein Knecht herbei. Er war
ganz atemlos und aufgeregt. Er hatte etwas Seltsames
gesehen. Er war den Fußtritten eines Menschen durch
den Schnee gefolgt. Diese Spur führte zu einer
windschiefen Hütte, aber aus der Hütte drang Stöhnen
und Wimmern. Es klang dem Knecht so unheimlich,
daß er in seiner Angst auf und davon lief. Womöglich
hauste in dieser Hütte ein böser Waldgeist, der sich nur
zeitweise in einen Bären verwandelte und so die Leute
zum Narren hielt. Aber der wilde Graf fürchtete sich
nicht. Er ließ sich den Weg zur Hütte zeigen, sprang
vom Pferd, schlug mit einem Hieb seines Schwertes die
windschiefe Tür auseinander und trat in die Hütte ein.
Aber da war kein Waldgeist und kein Zauberer zu
sehen, da lag eine junge Frau mit einem kleinen Kind
auf einem Haufen Laub. Das Kindlein wimmerte und
weinte, daneben kniete ein Mann mit langem Bart und
verwildertem Haar. Seine Augen lagen tief in den
Höhlen, und auch die junge Frau war mager und
abgezehrt.
Ritter Reinhard stand wie angewurzelt. Er erkannte
seine liebe Tochter Eveline und den Knappen Rudolf.
Tränen der Freude rannen über sein Gesicht, als er seine
Tochter und das Kind in die Arme schloß und dem
Knappen die Hand reichte.
„Ich war sehr krank, Vater", sagte Eveline, „ohne die

134

Hilfe meines lieben Mannes Rudolf wäre ich nicht mehr am Leben. Wirst du ihn und auch unseren kleinen Sohn wieder bei dir aufnehmen?" Der Vater nickte „Nun wird es wieder schön werden auf Greifenstein", meinte er. Dann ließ er von seinen Knechten aus Ästen eine Trage herrichten, auf der seine Tochter und sein kleines Enkelkind zur Burg Greifenstein getragen wurden.

Als Eveline in der Burg wohlversorgt in ihrem Bett lag, galt ihre erste Frage dem Kaplan. Da fiel ihrem Vater sein fürchterlicher Schwur ein. Mit rauher Stimme sagte er: „Der Kaplan hat dich nicht gehütet, wie ich ihm aufgetragen hatte. Er muß im Kerker büßen!" „Um Gottes Willen, Vater", schrie Eveline auf, „er ist doch unschuldig, er hat mir meinen größten Lebenswunsch erfüllt, laß ihn bitte wieder frei!" Eveline wollte ihre große Freude über diese glückliche Heimkehr mit ihrem väterlichen Freund teilen. Sie flehte den Vater an, dem Burgkaplan zu vergeben und ihn zu befreien.

Lange starrte der Graf vor sich hin. Er dachte immer wieder an seinen Eid, den er geschworen hatte. Dann überlegte er, daß vielleicht doch ein Schwur, der im Zorn gesagt war, nicht gelten würde. Kurz entschlossen schritt er zur Tür. „Ich bringe dir deinen Burgkaplan selbst", rief er und eilte hinab in den Hof. Als er die Stufen zum Eingang des Turmes hinuntersteigen wollte, stolperte er, versuchte, im Sturz sich noch an einem vorspringenden Stein an der Turmecke festzuhalten, aber fiel trotzdem die Stiege hinab. Der Graf stand nicht mehr auf. Er war tot. Sein Schwur hatte sich erfüllt. Der Burgkaplan erblickte das Tageslicht erst wieder, als der Graf nicht mehr lebte.

Der Stein, nach dem der Ritter Reinhard im Todessturz griff, wurde für alle nachkommenden Generationen zum „Schwurfelsen". Wann immer die Ritter einen Eid leisten mußten, legten sie dabei ihre Hand in den Stein und sprachen: „So wahr ich greife in den Stein." Diese Sitte der Schwurleistung lebt im Namen der Burg Greifenstein fort. Viele Hände haben im Laufe der Jahrhunderte diesen Stein berührt. Diese vielen Schwüre haben sich in einer Vertiefung in den Stein eingegraben, den man noch immer auf der Burg Greifenstein sehen kann.

DER WASSERMANN IM BRUNNEN

Wassermänner sind gefährlich, die Menschen haben sich zu allen Zeiten vor ihnen gefürchtet. Schon ihr Anblick ließ jedem das Blut in den Adern erstarren. Ob riesengroß oder kleinwinzig, sie sind abscheulich, mit ihren breiten Froschmäulern und Glotzaugen. Ihre Haut ist schuppig wie bei einem Fisch, und zwischen Fingern und Zehen wachsen Schwimmhäute. Auf dem kugelförmigen Schädel wachsen ihnen schlitzige Algen anstatt der Haare. Häßlich, böse und heimtückisch wie sie waren, wollten sie den Menschen immer schaden. Die Mütter sagten voller Sorge zu ihren Kindern: „Geht nicht zu nahe an die Donau, sonst holt euch der Wassermann!"

Im Hof der Burg Kreuzenstein ist ein tiefer Brunnen. Von diesem Brunnen ging einstmals ein unterirdischer Gang zur Donau. Weil diese Verbindung da war, kam eines Tages ein Wassermann aus der Donau durch diesen Gang und schlug im tiefen Brunnen seinen Wohnsitz auf. Von da an war es sehr gefährlich, sich dem Brunnen zu nähern. Unter der spiegelnden Wasseroberfläche versteckt, lauerte der Wassermann auf seine Opfer. Kinder und junge Mädchen holte er am liebsten zu sich in die Tiefe. Er lockte mit einer Blüte oder einem bunten Band, das er auf dem Wasser tanzen ließ. Beugte sich dann das Menschenkind über den Brunnen, um diese Blume oder das Band zu ergreifen, zog er es blitzschnell in die Tiefe.

An einem schönen Sommerabend mußte die junge Küchenmagd Wasser aus dem Brunnen holen. Da sah sie ein wunderschönes rotes Band auf dem dunklen Wasserspiegel schwimmen. Freudig griff sie danach, und mit einem Aufschrei stürzte sie in den Brunnen. Der Wassermann hatte sie fest am Handgelenk gepackt und zog das bewußtlose Mädchen mit sich tief auf den Grund des Brunnens hinunter. Als es dort die Augen aufschlug, begann es vor Angst und Entsetzen zu schreien. Ein grünes Froschgesicht, aus dessen Maul spitze, lange Zähne ragten, blickte es an. Aber der Wassermann sagte zu ihm: „Ich werde dir nichts zuleide tun, du bist auch nicht ertrunken. Ich habe dich zu mir heruntergeholt, weil ich jemanden brauche, der mein Haus in Ordnung hält. Wenn du ein ganzes Jahr lang bei mir immer alles blitzblank putzt und meine Wohnung in Ordnung hältst, dann werde ich dir die Freiheit wiedergeben, und sogar einen Lohn wirst du bekommen."

Dem Mädchen blieb gar nichts anderes übrig, als im Hause des Wassermanns zu bleiben. Es war auch gewohnt zu gehorchen und fleißig zu arbeiten. Es bemühte sich sehr, alles rein und sauber zu halten, obwohl dies gar nicht so einfach war. Der Wassermann kam jedesmal voller Schmutz und Schlamm nach Hause, am Boden bildeten sich schmutzige Pfützen, wenn er durchs Haus watschelte. Wenn er sehr lange fort war, fror ihn immer entsetzlich. Das Mädchen mußte den großen Ofen so stark heizen, daß er beinahe zu glühen begann. Auf dem Gesims des Ofens standen viele Krüge. Dem Mädchen fiel auf, daß die Krüge umgestülpt waren. Als sie eines Tages den Wassermann fragte, ob es nicht diese Krüge einmal waschen und reinigen sollte, wurde er sehr zornig. „Ich verbiete dir, auch nur einen dieser Krüge umzudrehen, denn in jedem Krug halte ich die Seele eines Ertrunkenen gefangen. Ich habe sie mir mühsam aus der Donau oder dem Schloßbrunnen geholt."

Wie gerne hätte das junge Mädchen die Seelen in den Krügen erlöst und freigelassen. Aber es fürchtete sich zu sehr vor dem unheimlichen Kerl und seinem Zorn.

So verging das Jahr mit harter Arbeit für das junge Ding. Der Wassermann war immer mürrisch und grob zu ihm, nie gab es Lob, auch wenn die Böden noch so blank geputzt waren und das Feuer im Ofen heimelig knisterte. Die Magd hatte die Hoffnung schon aufgegeben, daß sie jemals wieder das Tageslicht sehen würde und der Sonnenschein sie wärmen könnte. Aber siehe da, der böse Kerl hielt doch sein Wort. Eines Tages sagte er zu ihr: „Dein Jahr ist jetzt um, du kannst zurück nach Hause. Als Lohn bekommst du den Schmutz, den du in der Stube zusammengekehrt hast. Wenn die Mittagsglocken von Kreuzenstein läuten, wirst du in die Welt zurückkehren, halte dich bereit!" Mit einem bösen Grinsen verabschiedete sich der Wassergeist und schwamm durch den langen unterirdischen Gang hinunter zur Donau. Dort wollte er nach einem neuen Opfer Ausschau halten.

Der Schmutz und Staub vom Fußboden als Lohn für ein Jahr harte Arbeit, das schien der Magd ein böser Spaß zu sein. Aber weil sie immer gehorsam war, schüttete sie den Dreck aus dem Mistkübel in ihre Schürze und wartete, daß die Glocken die Mittagsstunde einläuten würden. Da fiel ihr Blick noch einmal auf die umgestülpten Krüge, die am Ofensims standen. Die armen Seelen, die konnte sie doch nicht hier zurücklassen! Schnell stieg sie auf die Ofenbank, vergaß das Verbot des Wassermanns und drehte einen Krug nach dem anderen um. Mit einem erlösten Seufzer ging eine unsichtbare Seele nach der anderen in die Freiheit der Ewigkeit ein. Als die Magd den letzten Krug umdrehte, schlug es vom Turm zwölf, und noch ehe der letzte Ton verhallt war, stand sie inmitten des Burghofes. Sie sah den hohen Bergfried vor sich, die Vögel zwitscherten im Laubdach der Linde, und der warme Sonnenschein legte sich über ihr Gesicht. Doch ihre Schürze war plötzlich so schwer geworden, und siehe da, anstatt des Staubes und Schmutzes trug sie funkelnde Goldstücke in ihrer Schürze. Der böse Wassermann hat ihr zwar ein Jahr ihres Lebens geraubt, aber er hatte sie dafür reich belohnt.

DER RATTENFÄNGER

Im 17. Jahrhundert wütete in unserer Heimat der Dreißigjährige Krieg. Viele fremde Kriegsheere zogen durch unser Land, brannten die Städte nieder, raubten den Bauern das Vieh aus den Ställen, verschleppten Frauen und Kinder und erschlugen die Männer. In den letzten Kriegsjahren zogen schwedische Truppen donauabwärts und eroberten auch die Stadt Korneuburg. Die Truppen des Kaisers Ferdinand kämpften erbittert um diese Stadt. Unter großen Verlusten an Menschenleben konnte man sie dem Feind wieder abringen. Doch die einstmals wunderschöne Stadt war zum größten Teil zerstört und verwüstet. Ganze Häuserzeilen lagen in Schutt und Asche, Brandruinen rauchten, tote Tiere lagen zwischen den Trümmern der Häuser. Ein furchtbarer Gestank breitete sich über der zerstörten Stadt aus.

Das zog die Ratten an, die sich von Aas und Unrat nährten. Es wimmelte überall von diesen Tieren. Sie vermehrten sich mit rasender Schnelligkeit, und bald konnten sich die Menschen dieser Plage kaum mehr erwehren. Sie kamen bis in die Küchen und Speisekammern und bevölkerten die Dachböden. Sie fraßen alles Eßbare und setzten überall ihre scharfen Nagezähne ein. Nicht einmal die kleinen Kinder in den Wiegen waren vor den Ratten sicher.

Die Bewohner der Stadt waren diesen Tieren hilflos ausgeliefert. Es gab nichts, womit man sie vertreiben konnte. Man besaß auch kein Gift, um sie zu vertilgen. Die Menschen, die noch in den wenigen bewohnbaren Häusern dieser Stadt hausten, waren so verzweifelt, daß sie schon glaubten, auswandern und ihre Heimat einfach den Ratten überlassen zu müssen. Im Rathaus kamen der Bürgermeister und seine Räte zusammen,

um nachzudenken, was zu tun wäre. Einer von ihnen erinnerte sich, daß er von einem sehr berühmten und erfolgreichen Rattenfänger gehört habe. Doch er wußte nicht, wo dieser zu Hause sei. So beschloß man, in alle Richtungen Boten auszusenden, die überall verkünden sollten, daß die Stadt Korneuburg demjenigen einen hohen Lohn zahlen würde, der sie von der Rattenplage befreite.

Nach einer Woche meldete sich im Rathaus ein fremder Mann. Er war Rattenfänger, und er wollte seine Kunst in dieser Stadt ausüben. Die Ratsherren waren überglücklich und baten ihn, so rasch wie möglich an die Arbeit zu gehen. Die Bürger der Stadt erfuhren vom Erscheinen des Rattenfängers und schöpften wieder neuen Mut.

Am nächsten Tag, in aller Herrgottsfrüh, kam der Rattenfänger wieder zurück in die Stadt. Er war prächtig gekleidet und trug ein rotseidenes Gewand und auf dem Kopf eine Kappe mit einem wehenden Federbusch. Aus der Tasche, die er umgehängt trug, nahm er eine schwarze Flöte und begann darauf zu spielen.

Da ertönten aber keine harmonischen Lieder, es waren schnarrende und quietschende Geräusche, die die Flöte verursachte. Den Menschen wurde angst und bang, und sie versteckten sich in ihren Stuben. Aber den Ratten gefiel diese Musik. Sie kamen eiligst aus ihren Löchern gekrochen und suchten die Nähe des Flötenspielers. Der zog, auf seiner Flöte blasend, durch die ganze Stadt, straßauf, straßab, in alle Winkeln und Ecken kam er, tausende Ratten folgten ihm. So zog er schließlich durch eines der Stadttore hinaus und wanderte weiter zur Donau. Am Ufer des Flusses war ein Boot angebunden. Mit einem Satz hüpfte der Rattenfänger in dieses Boot, löste es los und überließ es den Wellen, die es sogleich in die Mitte des Stromes trieben. Aber ununterbrochen entlockte er weiterhin seiner Flöte diese fürchterlichen Töne, die den Ratten so gefielen. Wie von Zauberkraft wurden sie von dieser Flötenmusik angezogen, sodaß sie sich in den Strom stürzten, um ihr nachzuschwimmen. Aber noch ehe sie das Boot erreichten, das die Strömung immer weitertrieb, verließen sie ihre Kräfte und sie ertranken. Keine einzige Ratte blieb am Leben.

Das war eine Freude in der Stadt, man war von der Rattenplage befreit und konnte darangehen, die Heimatstadt wieder aufzubauen. Die Korneuburger führten in jubelndem Triumphzug den Rattenfänger in das Rathaus. Als er nun vor den Bürgermeister hintrat, um seinen Lohn zu kassieren, da packte diesen plötzlich der Neid. Die Ratten waren weg, warum sollte man jetzt diesem Fremdling soviel Geld zahlen? Da begann er, den Rattenfänger auszufragen, woher er denn komme und wie er heiße, daß kein Mensch in der Stadt wisse, ob sein Handwerk nicht vom Teufel sei. Der Fremde erklärte ihm recht freundlich, daß er Hans Mäuseloch heiße und aus Wien komme und ihn jeder dort als Rattenfänger kenne. Doch der Bürgermeister war damit nicht zufrieden. Er sagte sehr aufgebracht: „Ihr habt alle Ratten aus der Stadt gefangen, doch ist dies nicht mit rechten Dingen zugegangen. Ihr steht sicher mit dem Teufel im Bunde, oder vielleicht seid Ihr gar der Satan selber. So brauchen wir unser Wort nicht zu halten, und wir raten Euch, möglichst schnell aus dieser Stadt zu verschwinden."

Der Rattenfänger rief zornbebend: „Was, Ihr wollt mich um meinen ehrlich verdienten Lohn bringen? Das werdet Ihr noch bitter bereuen!" Mit diesen Worten rannte er zur Tür hinaus und verließ eilenden Schrittes die Stadt Korneuburg.

Am nächsten Tag kam der Rattenfänger wieder zurück

in die Stadt. Er hatte ein noch viel prächtigeres Gewand an, und diesmal spielte er auf einer goldenen Flöte. Er entlockte ihr aber nicht mehr die scheußlichen Töne, er spielte wunderschöne Weisen. Die Leute öffneten die Fenster, die Kinder kamen aus den Häusern, und allen rührte die Musik so richtig ans Herz. Der Mann ging auch dieses Mal kreuz und quer durch die Stadt, und es waren immer mehr Kinder, die ihm folgten.

Kinder laufen gerne hinter dem fahrenden Volk her, da dachte sich niemand etwas dabei. Aber der Mann zog auch diesmal zur Donau hinunter. Dort lag ein großes Schiff vor Anker. Er bestieg mit all den Kindern aus der Stadt dieses Schiff, und sobald das letzte kleine Mädchen seinen Fuß auf das Schiff gesetzt hatte, fuhr es davon.

In der Stadt warteten die Eltern vergeblich auf die Rückkehr ihrer Kinder. Es wurde Abend, und sie kamen nicht mehr. Der Rattenfänger hatte sie alle entführt. Weinende Mütter und zornige Väter zogen zum Rathaus und beschuldigten den Bürgermeister, daß er ihre Kinder auf dem Gewissen hätte. Keines dieser Kinder ist je wieder zurückgekehrt. Aber lange Zeit später hat man in Korneuburg erfahren, daß im selben Jahr, in dem der Rattenfänger ihre Kinder geholt hatte, auf dem Sklavenmarkt in Istanbul viele Knaben und Mädchen verkauft worden wären. Da hatten die unglücklichen Eltern die Gewißheit, daß dies ihre Kinder gewesen waren. Im Pfarrgäßchen hat man einen Gedenkstein in die Mauer eines Hauses eingelassen. Er zeigte eine Ratte und rundherum eine Inschrift, die daran erinnerte, daß man ein nicht eingehaltenes Versprechen des Bürgermeisters mit dem Verschwinden der Kinder der ganzen Stadt bezahlen mußte. Den Stein gibt es jetzt nicht mehr, aber die Sage vom Rattenfänger ist noch immer lebendig.

DAS DONAUWEIBCHEN

Wien ist die Hauptstadt unseres Bundeslandes, eine schöne, große Stadt. Es ist ein Erlebnis, sie zu besuchen. Aber vor langer, langer Zeit, da gab es hier noch nicht die vielen hohen Häuser, die breiten Straßen und die prächtigen Kirchen. Besonders entlang der Donau standen niedrige, ärmliche Fischerhütten. Die Leute, die dort wohnten, ernährten sich von dem, was der Strom hergab. Sie waren nicht reich, aber durch den Fischfang hatten sie ihr Auskommen. Tag für Tag ruderten sie, wenn es das Wetter erlaubte, mit ihren Booten auf den Strom hinaus und zogen die großen Fischernetze im Wasser nach. Täglich wurde der frische Fang auf dem Fischmarkt im damals noch kleinen Städtchen Wien verkauft. Die Donau gab diesen Menschen Arbeit und Brot.

Im Winter, wenn sich die Fische auf den Grund des Stromes zurückzogen und gefährliche Eisschollen wie Krapfen auf dem Fluß schwammen, blieben die Leute zu Hause. Aber auch da gab es genug zu tun. Die Geräte für den Fischfang mußten ausgebessert und erneuert werden. Es war so manches Boot undicht geworden, und viele Netze waren zerrissen. So wurde in den Stuben fleißig gewerkt, neue Ruder wurden geschnitzt, die Netze geknüpft und so mancher Fischkelter gebaut. Die Fischkelter waren große Holzkisten, die man im Fluß versenkte und in denen man die Fische lebendig gefangenhalten konnte.

An so einem Wintertag saß der alte Fischer Sebastian mit seinem Sohn bei dieser Arbeit. Die beiden Männer führten allein ihren Haushalt. Die Fischersfrau war schon vor Jahren gestorben, und der junge Bursche hatte sich noch immer keine Frau gefunden.

Er war ein Träumer, das wußte sein Vater. Und auch

heute ließ er plötzlich seine Arbeit sinken, starrte vor sich hin und fragte dann seinen Vater: „Sag, hast du schon einmal ein Donauweibchen gesehen? Ich glaube, es gibt gar keines."

„Nun freilich", brummte der Alte, „ich habe noch keines gesehen, aber daß es die Donauweibchen und den Donaufürsten gibt, darüber besteht kein Zweifel. Immer wieder haben unsere Fischer hier von solchen Begegnungen am Ufer des Stromes erzählt." Während die Männer mit gebeugten Köpfen über ihrem Handwerk saßen und jeder seinen eigenen Gedanken nachhing, ging auf einmal die Tür auf. Es wurde ganz hell in der Stube. In diesem Licht kam ein wunderschönes Mädchen herein. Es trug ein langes, schimmerndes Kleid, Wasserperlen glitzerten auf seiner Haut. Der kalte Wintertag schien ihm nichts anzuhaben, es war barfuß durch den Schnee gegangen, und auf dem Kopf trug es einen Kranz aus frischen Blumen.

Die beiden Männer saßen wie erstarrt, dem Alten fiel die Pfeife aus dem Mund, und der Junge zitterte, als hätte er einen Schüttelfrost. Da begann das Mädchen zu sprechen: „Ich wollte euch nicht erschrecken, ich möchte euch nur warnen. Bald beginnt in den Bergen die Schneeschmelze, viele Flüsse werden ihr Schmelzwasser der Donau zuführen. Sie wird über die Ufer treten und eure Hütten überfluten. Nehmt eure Habseligkeiten und flieht von hier !" Einen Herzschlag lang stand das Donauweibchen noch in der Tür, schüttelte dann seine langen, schwarzen Locken und verschwand, so wie es gekommen war.

Der Fischer Sebastian rieb sich die Augen. Begann er jetzt auch schon zu träumen, so wie sein Sohn? Aber es war bestimmt kein Traum, denn sie beide, der Alte und der Junge, hatten das Mädchen gesehen und gehört, was es gesprochen hatte. „Diese Warnung müssen wir

ernst nehmen !" rief der Alte, „wir werden es allen anderen Fischern auch sagen, machen wir uns gleich auf den Weg." Die beiden Männer liefen von Hütte zu Hütte und erzählten von der wunderbaren Erscheinung und von ihrer Warnung.

Gleich begannen die Frauen und Männer, ihre Sachen auf Wagen und Karren zu verladen. Auf den hochgetürmten Fuhren saßen obenauf die Kinder. So zogen sie weg vom Ufer der Donau, dorthin, wo das Land gegen die Berge hin anstieg. Auch Sebastian und sein Sohn beluden in aller Eile ihren Handwagen und schlossen sich den anderen an. Man mußte die Worte der Nixe ernst nehmen.

Schon am nächsten Tag brach ein warmer Föhnsturm über das Land herein. In den Bergen schmolz Eis und Schnee, tosend stürzten die Wasser ins Tal. Gelbbraun wälzten die Flüsse aus dem Gebirge ihre Fluten zur Donau. Der Strom trat über die Ufer, er stieg immer höher und höher. „So ein Hochwasser hatten wir noch nie", stellten die alten Leute fest. Die Hütten der Fischer standen bis zum Dach unter Wasser. Die Flut drückte Fenster und Türen ein und riß alles mit sich, was nicht festgenagelt war. Als das Wasser endlich wieder zurückging, hinterließ es überall schmutziggrauen Schlamm.

Die Fischer kehrten mit ihren Familien wieder zurück. Welches Glück! Kein einziger Mensch war bei diesem Hochwasser ertrunken, das verdankten sie alle der Warnung des Donauweibchens.

Jetzt gab es viel Arbeit für alle. Schlamm und Morast mußten weggeschafft werden, die Schäden an den Hütten und Häusern ausgebessert sein, bevor man wieder dem Fischfang nachgehen konnte. Alle halfen zusammen, damit hier bald wieder ein geordnetes Leben möglich sein würde. Nur der Sohn des alten Fischers half niemandem bei der Arbeit. Ja, sogar seinen

Vater ließ er bei der Hütte alleine. Stunde um Stunde ging er am Ufer der Donau entlang und starrte ins Wasser. Er konnte das schöne Mädchen nicht vergessen. Vielleicht, so dachte er, würde das Donauweibchen eines Tages doch wieder aus den Fluten auftauchen. Er mußte es noch einmal sehen, denn er wollte es fragen, ob es nicht seine Frau werden wolle.

Da er bei Tag kein Glück hatte und es nicht zu Gesicht bekam, dachte er, vielleicht lockt es der Mond hervor. So trieb ihn von nun an jede mondhelle Nacht hinunter zum Fluß. Doch auch wenn er zu Hause war, hatte er immer sein Bild vor Augen und seine liebe, freundliche Stimme im Ohr.

„Vergiß das Donauweibchen", bat ihn sein alter Vater. Doch es nützte nichts. Nacht für Nacht ging der Bursche zur Donau, stieg in das Fischerboot und fuhr hinaus auf den Strom. Eines Morgens kam er dann nicht mehr zurück. Der Vater suchte verzweifelt nach ihm, stromauf, stromab lief er den ganzen Tag. Gegen Abend fand er dann das leere Boot, das die Wellen in einer Bucht an das Ufer getrieben hatten. Der junge Fischer aber war und blieb verschwunden.

„Das Donauweibchen hat ihn geholt", sagten die Nachbarn. Aber der Vater wußte, daß er selber das Donauweibchen in den Fluten des Stromes gesucht hatte. Viele Jahre sind mit den Wassern des Stromes dahingeflossen, aber seit dieser Zeit hat kein Fischer mehr ein Donauweibchen gesehen.

Sagenhafte Wanderungen
in Oberösterreich

Erika Kaftan
**WANDERUNGEN IN DER
SAGENWELT DER REGION
PYHRN-EISENWURZEN**
228 Seiten,
zahlreiche Farbtafeln, Skizzen,
ISBN 3-85214-578-3

Erika Kaftan
**WANDERUNGEN IN DER
SAGENWELT DES
SALZKAMMERGUTES**
232 Seiten,
zahlreiche Farbtafeln, Skizzen,
ISBN 3-85214-563-5

Erika Kaftan
**WANDERUNGEN IN DER
SAGENWELT DES
MÜHLVIERTELS**
208 Seiten,
zahlreiche Farbtafeln, Skizzen
ISBN 3-85214-560-0

LANDESVERLAG